Checklisten für *die* *perfekte* Hochzeit

Stressfrei planen, entspannt feiern

Kathrin Nora

Texte Kathrin Nord
Redaktion Ulrike Goldstein
Repro Medienservice Farbsatz, Neuried

Für den Dorling Kindersley Verlag
Programmleitung Monika Schlitzer
Projektbetreuung Andrea Göppner, Dr. Bettina Gratzki
Herstellungsleitung Dorothee Whittaker
Herstellungskoordination Claudia Rode
Cover- und Innengestaltung, Herstellung Sophie Schiela

Printed and bound in China

ISBN 978-3-8310-2558-9

Besuchen Sie uns im Internet
www.dorlingkindersley.de

Hinweis
Die Informationen und Ratschläge in diesem Buch sind von
den Autoren und vom Verlag sorgfältig erwogen und geprüft,
dennoch kann eine Garantie nicht übernommen werden.
Eine Haftung der Autoren bzw. des Verlags und seiner
Beauftragten für Personen-, Sach- und Vermögensschäden
ist ausgeschlossen.

Inhalt

Vorwort

Sie sind gerade dabei, den schönsten Tag Ihres bisherigen Lebens zu planen und vorzubereiten? Dieser Tag wird aus vielerlei Gründen unvergesslich für Sie bleiben: weil Sie Ihre Liebe feiern und Ihre engsten Freunde und Verwandten dabei sein werden, weil Sie einander versprechen, bis in alle Ewigkeit miteinander verbunden zu bleiben – und weil Sie allein entscheiden, wie Sie all dies feiern möchten. Vom großen Rahmen, der Location, der Auswahl der Gäste und Dienstleister bis hin ins kleinste Detail wie dem Geschmack der Hochzeitstorte oder dem Duft Ihres Brautstraußes – alles liegt in Ihrer Hand.

Das Geheimnis einer gelungenen Hochzeitsfeier ist, dass Sie auf Ihre Intuition und Ihre Wünsche hören. Jeder Ihrer Freunde und Bekannten wird eine Meinung zum idealen Hochzeitskleid und zur idealen Trauzeremonie haben – aber zufriedenstellen wird Sie nur die Erfüllung Ihrer eigenen Vorstellungen und Wünsche. Das zweite Geheimnis ist, dass Sie frühzeitig mit der Planung beginnen. Manche Termine werden Ihnen beim Durchlesen sehr früh vorkommen, doch der Erfahrung nach liegen sie keineswegs zu früh. Je gelassener Sie Ihre Hochzeit angehen können, desto mehr werden Sie den Tag genießen. Gönnen Sie sich also genügend Vorbereitungszeit, damit Sie Ihre Entscheidungen in Ruhe und überlegt treffen können – und am schönsten Tag Ihres Lebens keinen einzigen Gedanken an die Organisation verschwenden müssen.

Es geht los

Ihr Wunschtermin

An welchem Tag wollen Sie getraut werden und mit Ihren Liebsten feiern? Es gibt verschiedene Überlegungen, mit denen Sie das für Sie richtige Datum finden werden.

○ **Der Tag des Kennenlernens**

○ **Ein besonderer, persönlicher Tag,** wie z.B. das Datum des Antrags, der Tag, an dem Sie einander das erste Mal »Ich liebe dich« sagten oder ein besonderes Erlebnis miteinander teilten: der gemeinsame Fallschirmsprung, ein glücklicher Urlaubstag, als sie zusammenzogen …

○ **Eine bestimmte Zahlenkombination** im Datum, die Ihnen etwas bedeutet: z.B. Ihre Geburtstage oder Ihre Glückszahlen

○ **Schnapszahl-Daten** wie der 1.5.15 – oder ähnliche, die leicht zu erinnern sind

○ **Auf welchen Wochentag** fällt Ihr Wunschtermin? Samstag ist ideal, da an diesem Tag viele Gäste Zeit haben werden. Ein Mittwoch wird gerade für Anreisende von auswärts schwieriger zu verwirklichen sein.

Save the date

Mit einer »Save-the-Date«-Karte bitten Sie die Gäste, sich das Datum Ihrer bevorstehenden Hochzeit freizuhalten. Nähere Informationen zu Location und Ablauf schicken Sie dann mit der Einladungskarte nach. »Save-the-Date«-Karten sind sinnvoll, wenn Sie an einem beliebten Tag oder in der Saison heiraten und noch Planungszeit brauchen. Wer Aufwand und Geld sparen möchte, kann die »Save-the-Date«-Mitteilung auch per E-Mail versenden.

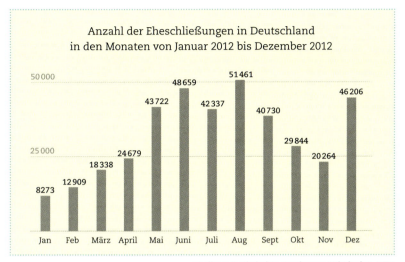

Anzahl der Eheschließungen in Deutschland
in den Monaten von Januar 2012 bis Dezember 2012

Quelle: © Statistisches Bundesamt, Wiesbaden, 2013

○ **Werden viele Gäste** an diesem Tag Zeit haben? Termine zur Urlaubszeit, an Brückentagen, kirchlichen Feiertagen oder zu wichtigen Fußball-Endspielen meiden. Auch von Schnapszahl-Daten ist abzuraten, wenn möglichst viele Gäste kommen sollen.

○ **Haben Sie genügend Planungszeit** von heute bis zu Ihrem Wunschhochzeitstag, damit Trauung und Fest genau so werden, wie Sie es sich erträumen?

○ **Wo wollen Sie Ihre Flitterwochen verbringen?** Passt das anvisierte Reiseziel zur Reisezeit, wenn Sie direkt von der Hochzeit in die Flitterwochen starten?

○ **Bekommen Sie Urlaub** im anvisierten Zeitraum? Denken Sie daran, frühzeitig Ihren Urlaubsantrag zu stellen!

○ **Was sagt das Budget** zum anvisierten Hochzeitstermin? An Schnapszahldaten und in der Hochzeitssaison von Mai bis Juli sind alle Dienstleister teurer als außerhalb der Saison. Verhandeln, den Preis drücken? Kaum eine Chance. Wer sein Verhandlungsgeschick spielen lassen will, findet das perfektes Hochzeitsdatum an weniger gefragten Hochzeitstagen.

Budgetplaner

Der bisher glücklichste und schönste Tag in Ihrem Leben – so soll er sein, der perfekte Hochzeitstag. Wie viel eine Hochzeitsfeier kostet, ist dabei ebenso individuell, wie es die Vorstellungen von »Glück« und »Schönheit« sind. Sie bekommen alles zu fast jedem Preis, vom Kleid über das Essen bis zur Location. Der Budgetplaner gibt Ihnen Anhaltspunkte, mit welchen Kosten Sie rechnen müssen.

Legen Sie als Erstes ein Budget fest: Wie viel wollen Sie insgesamt maximal für Ihre Hochzeit ausgeben?

○ ---

Wie möchten Sie diese Kosten auf die folgenden Posten verteilen? Legen Sie sich dazu eine Tabelle an, in die Sie alle geplanten Ausgaben eintragen.

Posten	anvisiertes Budget	derzeitige Kosten/Ausgaben

Damit müssen Sie rechnen

Die folgende Kostenübersicht arbeitet mit Mittelwerten – es geht auch günstiger und natürlich auch teurer.

DRUCKSACHEN	
Save-the-Date-Karten	1 Euro/Stück
Einladungskarten	2 Euro/Stück
Danksagungskarten	1,50 Euro/Stück
Porto	0,58 Euro/Brief; 0,45 Euro/Postkarte
Platzkarten	2 Euro pro Gast
Menükarten	25 Euro
Programmheft Kirche	0,30 Euro pro Kirchenheft

LOCATION & BEWIRTUNG	
Location	500 Euro
Bewirtung: Sektempfang	ab 5 Euro pro Person und Stunde
Bewirtung: Hochzeitsessen	ab 30 Euro pro Person
Getränke	ab 3,50 Euro pro Stunde und Person bei einer 12-Stunden-Feier mit Wein. Sekt, Champagner und Ähnliches sind natürlich teurer.
Bewirtung: Hochzeitstorte	200 Euro

AUSSTATTUNG BRAUTPAAR	
Ausstattung Braut: Hochzeitskleid	900 Euro
Ausstattung Braut: evtl. zusätzliches Outfit Standesamt	500 Euro
Make-up und Frisur Braut	300 Euro
Ausstattung Bräutigam	400 Euro
Trauringe	1000 Euro

DEKORATION, BLUMEN	
Brautstrauß	40–100 Euro
Blumenanstecker Mann	6–10 Euro
Blumenschmuck fürs Auto	80–100 Euro
Körbchen und Blüten für Blumenkinder	25 Euro pro Gesteck
Kirchenbank-Deko	3 Euro pro Bank
Altar-Deko	70 Euro
Lesepult-Deko	30 Euro

DIENSTLEISTER UND MIETSACHEN	
Fotograf Trauung und Sektempfang (circa 3 Stunden)	300 Euro
Fotograf ganzer Tag	800–4000 Euro
Musiker Standesamt	100 Euro
Musiker Kirche	200 Euro
Musik Feier	500 Euro
Hochzeitsauto	300 Euro
Kinderbetreuung	200 Euro

EXTRAS FÜR DIE TRAUUNG	
Hochzeitskerze	30 Euro
Ringkissen	30 Euro
Stammbuch	20 Euro
Freier Theologe/Redner	600 Euro

GEBÜHREN	
Standesamt	80 Euro

GESCHENKE	
Gastgeschenke	1,50 Euro/Person
Geschenke an besondere Helfer (Trauzeugen usw.)	100 Euro/Person
Flitterwochen/Hochzeitsreise (Flug, Unterkunft usw.)	2000 Euro

WEITERE KOSTEN	
Luftballons steigen lassen	100 Euro
Tauben steigen lassen	195 Euro
Unterbringung Hotel/ Hochzeits-Suite?	
Spritkosten Anfahrt?	
Trinkgelder?	
Bei Auslands-Hochzeit: Zusatz- kosten vor Ort bedenken!	
Unvorhergesehenes	

Unvorhergesehenes: Ein ganz wichtiger Punkt, für den Sie ein Budget bereitstellen sollten. Sie werden garantiert auf dieses Geld zugreifen!

Spartipps

Wenn Sie das Essen nicht selbst mitbringen bzw. die Gäste mitbringen lassen wollen und dennoch stark auf die Kosten schauen müssen, haben Sie diese Optionen:

- Unbedingt die Dienstleister vergleichen – selbst auf demselben Niveau gibt es mitunter gravierende Honorar- unterschiede.
- Halten Sie die Feier kurz: Je länger sie dauert, desto mehr wird konsumiert, desto teurer.
- Geben Sie nur bestimmte Getränke aus. Spirituosen oder Cocktails müssen die Gäste selbst bezahlen.
- Halten Sie die Anzahl der Gäste klein – je mehr Gäste, desto mehr Konsum, desto teurer.

Der Stil Ihrer Hochzeit

Woran denken Sie, wenn Sie sich Ihre Traumhochzeit vorstellen? An ein Fest in der Natur, an eine Feier im Clubstil, an Sonne und Strand, die Weiten der Toskana, eine Alm oder eine Rockerkneipe? Der Stil Ihrer Hochzeit kann sich, wenn Sie möchten, in vielen Details widerspiegeln. Die Art der Trauung gibt teilweise schon einen gewissen Rahmen vor.

Die Trauung

○ **Eine standesamtliche Trauung** ist Pflicht, wenn Ihre Ehe vor dem Gesetz Bestand haben soll.

○ **Wollen Sie zusätzlich eine religiöse Trauung?**
  ○ **Katholisch?**
  ○ **Evangelisch?**
  ○ **Ökumenisch?**
  ○ **Eine andere religiöse Trauung?**
  ○ **Eine interreligiöse Trauung?**
  ○ **Eine freie Trauzeremonie durch einen freien Theologen oder Humanisten – als Alternative zur kirchlichen Trauung?**

○ **Eine ganz eigene Trauzeremonie** ohne Theologen mit einem eigenen Ritual (siehe S. 44 f., 82 f.)?

Ablauf und Stil der Hochzeit

Manche Glaubensrichtungen sehen bestimmte Rituale und Abläufe für die Hochzeitsfeier vor – und damit einen bestimmten Stil. Sie können zusätzlich natürlich Ihre eigenen Elemente einbringen und den Feierlichkeiten Ihre persönliche Note geben.

○ **Klassisch-elegant?**
○ **Verspielt-romantisch?**
○ **Eine Trachten-Hochzeit?**
○ **Ist Vintage mehr Ihr Stil?**

- ○ **Eine Green Wedding,** bei der Sie auf umweltbewusstes Feiern und regionale Bewirtung achten?
- ○ **Eine Motto-Hochzeit?**
  - ○ **Sind Sie begeisterte Taucher** – und stellen Ihre Hochzeit unter das Motto »Meer«?
  - ○ **Sie lieben rockige Musik** – und feiern ein Rockerfest?
  - ○ **Sie begeben sich auf Zeitreise** – vielleicht mit einem Mittelalter-fest oder einer 50er-Jahre-Party?
  - ○ **Pferde sind Ihre Leidenschaft** und dürfen auch auf Ihrer Hochzeit nicht fehlen?
- ○ **Wie lange wollen Sie feiern?**
  - ○ **Einen Tag?**
  - ○ **Einen Nachmittag und Abend?**
  - ○ **Ein ganzes Wochenende lang** – mit mehreren Feiern und Loca-tions?

- ○ _____
- ○ _____
- ○ _____

Ihre Traumhochzeit

Ihr Budget wird zu einem gewissen Teil auch Einfluss auf den Stil Ihrer Hochzeit haben – aber nur zu einem gewissen. Mit ein bisschen Fantasie und Recherche können Sie den Traum einer märchenhaften Hochzeit auch ohne teures Schloss, aufwendige Extras und Dienstleistungen realisieren. Es wird dann eben keine klassische Märchenhochzeit, sondern Ihre Märchenhoch-zeit. Und das ist viel wichtiger!

Die besten Spartipps

Die Hochzeit mit großem Geldbeutel auszurichten – da kommen die Ideen von alleine. Wer mit einem halb vollen Sparstrumpf plant, muss kreativer sein. So könnte eine Traumhochzeit mit schmalem Budget aussehen.

Die Einladung

○ **Virtuelle Einladungen (E-Mail, Hochzeits-Webseite)** statt Papierkarten

Die Eheringe

○ **Gestalten und schmieden Sie die Ringe selbst** in einem Wochen-end-Workshop.

○ **Verkaufen Sie den Schmuck,** den Sie sowieso nicht tragen – und investieren Sie das Geld in die Trauringe.

○ **Gibt es Erbstücke bzw. Ringe in Ihrer Familie,** die als Eheringe infrage kommen?

○ **Fragen Sie an der Kunstakademie nach:** Ist ein Student bereit, Ihnen Ihre Ringe anzufertigen zu einem günstigen Preis? Das Material müssen Sie selbstredend dennoch voll bezahlen.

○ **Edelstahlringe** bekommen Sie schon ab rund 39 Euro – Paarpreis!

○ **Eheringe aus Holz?** Ungewohnt, aber möglich – und sie können richtig schön aussehen.

Brautkleid und Hochzeitsanzug

○ **Junge Marken** können die Rettung für einen schmalen Geldbeutel sein, zu finden z.B. auf der Plattform dawanda.de.

○ **Ein Secondhand-Kleid** – vielleicht sogar das Hochzeitskleid Ihrer Mutter? Die Braut, die gerne etwas Altes, Neues, Gebrauchtes und Blaues bei sich tragen möchte, hätte mit dem Brautkleid bereits einen Punkt erfüllt.

○ **Schnittmuster** kaufen und die nähbegeisterte Freundin loslegen lassen – z.B. als vorgezogenes Hochzeitsgeschenk

- **Business-Anzug für den Mann** statt Festtagsanzug (sieht allerdings nicht so edel und feierlich aus)
- **Vorführmodelle** (Brautkleid und Festtagsanzug) werden teilweise vergünstigt zum Verkauf angeboten, ebenso wie Modelle aus der letzten oder der auslaufenden Saison.
- **Fahren Sie aufs Land** und stöbern Sie dort in Brautmodengeschäften. Häufig sind die Preise dort günstiger. Natürlich sollten die Spritkosten und der Zeitverlust nicht Ihre Ersparnisse beim Kleid übersteigen.
- **Besuchen Sie eine Hochzeitsmesse,** um Ideen zu sammeln und preiswerte Anbieter und Modelle zu Sonderpreisen zu finden.

Sektempfang – selbst organisieren

- **Bis 30 Gäste** bleibt der Aufwand für Sie überschaubar.
- **Sie laden mehr als 30 Gäste zum Sektempfang ein:** Überschlagen Sie frühzeitig den zeitlichen Aufwand und die voraussichtlichen Kosten – und vergleichen Sie sie mit den Kosten des Caterers.
- **Suchen Sie im Laufe des Jahres in Supermarkt-Prospekten** nach Sekt-Angeboten und Angeboten an Salzgebäck – so kaufen Sie gezielt günstig ein.
- **Hartplastik-Sektgläser** besorgen – hier ebenfalls auf Angebote achten (nach Sylvester ist eine gute Zeit!)
- **In Vereinen oder beim Partyverleih fragen,** ob sie Sektgläser, Tische oder Bänke gegen kleinere Unkosten verleihen. Manchmal ist das Spülen der Gläser im Preis inbegriffen.
- **Selbst gebackene Herzplätzchen**
- **Selbst gebackene Brezeln**
- **Tischhussen** aus Papier für Tische und/oder Bänke gibt es ab circa 8 Euro pro Stück.
- **Getränke auf Kommission** kaufen

Den Sekt kühlen

Wenn Sie den Sektempfang oder auch das Buffet selbst organisieren wollen, überlegen Sie sich vorher eine Lösung für die
Kühlung der Speisen und Getränke.

Bewirtung

- ○ **Statt Menükarten** zu drucken, schreiben Sie die Menüfolge auf eine große, für alle sichtbare Tafel.
- ○ **Buffet und Kuchen werden von den Gästen mitgebracht.**
- ○ **Die Vielfalt Ihres Buffets** unterstreichen Sie, indem Sie auf Vielfalt in der Präsentation der Speisen setzen.
- ○ **Die Hochzeitstorte als selbst gemachtes Hochzeitsgeschenk** von einem begabten Gast
- ○ **Blumen von der Wiese** als Dekoration

Feier

- ○ **Eine Grillfeier** im elterlichen Garten
- ○ **Ein Picknick** im nahe gelegenen Park oder in den Auen des Flusses
- ○ **Ein leer stehendes Grundstück:** Fragen Sie die Besitzer, ob sie es Ihnen für die Feier vermieten, und regeln Sie alles vertraglich: was Sie dürfen (Grillen z. B.) und was Ihre Pflichten sind (Müll beseitigen usw.)!
- ○ **Mieten Sie eine Hütte bzw. ein Ferienhaus im Schnee.**

Das Brautkleid nicht selbst nähen!

Sie wollen Ihr Hochzeitskleid selbst schneidern? Bitten Sie lieber eine Freundin darum, so jedenfalls empfiehlt es ein alter Aberglaube. Demnach soll es Unglück bringen, wenn die Braut ihr Kleid selbst näht. Aber selbst wenn Sie nicht abergläubisch sind: Sie haben viel zu organisieren, da kann das zusätzliche Nähen eines Kleides schnell sehr stressig werden.

Es geht los

Die Gästeliste aufstellen

Die Gästeliste ist einer der Dreh- und Angelpunkte Ihrer Hochzeit. Aus ihr ergibt sich unter anderem, welche besonderen Bedürfnisse bei den Speisen oder der Location zu berücksichtigen sind. Mit der fertigen Gästeliste können Sie besser planen, damit der Tag nicht nur zum schönsten Ihres Lebens wird – sondern auch zu einem unvergesslich glücklichen für alle Eingeladenen.

Anzahl der Gäste

○ **Sie haben ein fixes Budget?** Wenn Sie an eine bestimmte Summe gebunden sind, dann rechnen Sie aus, wie viele Gäste Sie einladen können. Dafür müssen Sie den Posten »Bewirtungskosten pro Person« kennen.

○ **Sie sind im Budget flexibel?** Dann gilt selbstredend der umgekehrte Fall: Ihre Gästeliste hat erst einmal keine Obergrenze und Sie laden so viele Leute ein, wie Sie möchten.

○ **Wen wollen Sie zufriedenstellen?** Ist es Ihnen wichtig, dass Ihre Familie mit der Gästeliste einverstanden ist? Dann müssen Sie vielleicht entfernte Verwandte oder Freunde der Eltern einladen, die Ihnen persönlich nicht so viel bedeuten.

○ **Oder ist es Ihnen wichtiger, bei Ihren eigenen Wünschen** zu bleiben?

Mit wem möchten Sie feiern?

○ **Enge Verwandte,** entferntere und ganz entfernte: Eltern, Geschwister, Großeltern, Onkel und Tante, Cousin und Cousine, Großonkel und -tante, Cousins und Cousinen zweiten Grades usw.

○ **Patin/Pate**

○ **Enge Freunde,** entfernte Freunde, Bekannte, Freunde aus einem früheren Lebensabschnitt

○ **Freunde der Eltern**

○ **Kollegen** und weitere Personen aus dem Arbeitsumfeld

○ **Nachbarschaft**

- Vereinsmitglieder
- Pfarrer
- **Sind Kinder eingeladen?**
- **Sind die Ihnen noch unbekannten Partner Ihrer Angehörigen oder Freunde** ebenfalls eingeladen?
- **Dürfen Hunde** mitgebracht werden?

Die Bedürfnisse Ihrer Gäste

- **Sind Kinder eingeladen,** dann brauchen Sie eventuell eine Kinderbetreuung, Kinderstühle, besonderes Essen, eine Spielecke.
- **Allergiker und Vegetarier bzw. Veganer** müssen bei der Speiseplanung berücksichtigt werden.
- **Können körperlich Beeinträchtigte** Ihre Location barrierefrei erreichen?
- ⎯⎯⎯⎯⎯⎯⎯⎯⎯⎯⎯⎯⎯⎯⎯⎯⎯⎯⎯⎯⎯⎯⎯⎯⎯

Die Gästeliste organisieren

Arbeiten Sie mit Leuchtmarkern oder einer Tabelle in Word oder Excel: Dort merken Sie an, wen Sie auf jeden Fall einladen (grün markieren oder in der Spalte »Ja« eintragen), wen Sie vielleicht einladen (gelb markieren oder in der Spalte »Vielleicht« eintragen) und wen Sie nicht einladen werden (rot anleuchten oder in der Spalte »Nein« eintragen). In zusätzlichen Spalten notieren Sie gleich Besonderheiten, die bei der weiteren Planung zu berücksichtigen sind: spezielle Speisen usw.

Trauzeugen und andere Helfer

Geben Sie bestimmte Aufgaben in die Hände von Helfern. Besonders am Tag Ihrer Hochzeit selbst sollten Sie mit organisatorischen Dingen nichts mehr zu tun haben, sondern sich ganz auf die Trauung und die Feier mit Ihren Gästen konzentrieren können.

Trauzeugin und Trauzeuge

Auf dem Standesamt und bei manchen religiösen Trauungen geht es auch ohne sie – trotzdem entscheiden sich die meisten Brautpaare für Trauzeugen. Im Idealfall sind sie perfekte Helfer **bei den Vorbereitungen und der Organisation der Hochzeit**. Auf der Feier selbst können sie Ansprechpartner für Gäste und Personal sein und dem Brautpaar den Rücken freihalten.

- ◯ **Die Person hat genügend Zeit,** um Sie ein Jahr lang intensiv zu unterstützen.
- ◯ **Sie sind einander sehr vertraut.**
- ◯ **Organisieren** ist die Stärke Ihrer Trauzeugen.
- ◯ **Stress macht ihnen nichts aus** und sie holen Sie schnell runter, wenn die Nerven mal flattern.
- ◯ **Sie sind volljährig, der deutschen Sprache mächtig** und verfügen über die notwendigen Unterlagen (siehe S. 33, 76).

Unsere Trauzeugen: _____

Zeremonienmeister/in

Er oder sie hält am Tag der Hochzeit alle Fäden zusammen: Wo sind die Ringe, wann startet der Autokonvoi und kommen alle mit, wie bedient man die Klimaanlage in den Räumlichkeiten, wer weist das Personal ein, wer organisiert den Ablauf der Spiele, wer kümmert sich um die Mitnahme der Geschenke, wenn das Brautpaar schon abgereist ist? Das macht der Zeremonienmeister selbst oder er hat den Überblick über all das und delegiert bestimmte Aufgaben.

- ○ **Die Person genießt Ihr volles Vertrauen** und Sie kommen gut mit ihr aus.
- ○ **Sie ist ein Organisationstalent** und behält auch bei Stress den Überblick.
- ○ **Körperlich, emotional und persönlich ist sie geeignet,** Sie tatkräftig zu unterstützen (von der Feier wird sie selbst wenig haben).

Unser Zeremonienmeister: _____

Brautführer

Haben Sie einen Brautführer? Er (oder sie) geleitet nicht nur die Braut zum Altar, sondern nimmt später auch die Gäste in Empfang, hilft bei der Garderobe und zeigt den Gästen ihre Plätze.

- ○ **Er hat gute Nerven** und beruhigt Sie, wenn Sie nervös werden.
- ○ **Er ist charmant** im Umgang.
- ○ **Er ist gut organisiert** und behält stets den Überblick.

Unser Brautführer: _____

Helfer für einzelne Aufgaben

Vertraute können auch einzelne Aufgaben übernehmen: die Tischdekoration, das Organisieren der Gastgeschenke, Übernachtungsmöglichkeiten ausfindig machen, Internetauftritt gestalten usw.

Unsere Helfer: _____

Klare Absprachen

Wichtig ist, dass Sie alles klar kommunizieren, und zwar am besten schriftlich. Wie Sie letztendlich die Aufgaben auf Trauzeugen und andere Helfer verteilen, entscheiden Sie ganz individuell. So kann der Brautführer Aufgaben des Zeremonienmeisters übernehmen, beispielsweise um diesen zu entlasten.

Die Location

Ein Jahr im Voraus die Wunsch-Location reservieren? Durchaus, wenn Sie an einem beliebten Ort zur Hochzeitssaison im Frühling oder Sommer heiraten wollen. Wer spät dran ist, muss oft nehmen, was er noch bekommt. Deshalb: Gehen Sie die Suche nach einer passenden Location früh an. Mit folgender Checkliste können Sie die Auswahl eingrenzen.

Der Ort

○ **Soll der Ort für Sie als Paar oder einen der Partner** von besonderer Bedeutung sein, z.B. der Ort Ihres Kennenlernens oder ein Geburtsort?

○ **Ist Ihnen der Charakter des Ortes wichtiger** als die gute Erreichbarkeit für die Gäste? Dann kann er auch weiter entfernt liegen.

○ **Wollen Sie eine Garantie für gutes Wetter?** Dann wählen Sie vielleicht ein Land südlich der Alpen.

○ **Soll alles vor Ort möglichst günstig sein?** In dem Fall sollten Sie teure Großstädte meiden.

○ **Ist Ihnen das Image des Ortes wichtig?** Vielleicht gefällt Ihnen Kitzbühel oder das Hotel Sacher in Wien?

○ **Möchten Sie in derselben Location getraut werden, in der Sie später auch feiern?** Manche auf Hochzeiten spezialisierte Locations bieten diesen Service an.

Die Location

○ **Was passt zu Ihrem Hochzeitsstil?**
- ○ **Ein Schloss?**
- ○ **Ein edles Hotel?**
- ○ **Eine Scheune?**
- ○ **Ein romantischer Garten?**
- ○ **Ein stylisher Club?**
- ○ _____

○ **An welchem Ort bekommen Sie die gesuchte Location** zu dem von Ihnen anvisierten Preis?

- Wie viele Personen fasst die Location?
- **Ist sie groß genug,** dass sich niemand auf die Füße tritt – und gleichzeitig nicht so groß, dass Ihre Hochzeitsgesellschaft sich darin verliert?
- **Sind Gäste körperlich beeinträchtigt?** Viele Treppenstufen und lange Wege vermeiden.
- **Brauchen Sie extra Zimmer?**
  - **Ein Spielzimmer/Schlafzimmer** für Kinder
  - **Ein Stillzimmer** für junge Mütter
- **Falls die Feier draußen geplant ist:** Kann bei schlechtem Wetter schnell umdisponiert werden?
- **Gibt es eine Tanzfläche, ggf. eine Bühne?**
- **Kann die Location exklusiv gebucht werden?**
- **Kann als geschlossene Gesellschaft** gefeiert werden?
- **Kann garantiert werden,** dass keine andere Hochzeitsgesellschaft zur selben Zeit vor Ort ist?
- **Stimmt der Service?** Geht die Location flexibel auf Ihre Wünsche ein? Machen Ihre Ansprechpartner einen zuverlässigen Eindruck, sind sie freundlich und helfen Ihnen mit eigenen Ideen?
- **Gibt es ausreichend Personal und haben die Mitarbeiter Erfahrung** mit Hochzeitsgesellschaften?
- **Ist über den gesamten Abend ein Ansprechpartner** vor Ort, der bei plötzlichen Problemen (z. B. Klimaanlage ausgefallen) helfen kann?
- **Stimmt die Qualität des Essens?**
- **Ist die Location an bestimmte Caterer** gebunden?
- **Wie können die Tische** gestellt werden?
- **Sind Stühle, Tische, Tischdecken, Hussen, Dekoration** im Preis enthalten?
- **Sind genügend Kinderstühle** vorhanden?
- **Sind Besteck und Geschirr im Preis enthalten?**
- **Bei Selbstversorgern: Sind Besteck und Geschirr gespült zurück**zugeben? Gibt es eine entsprechende Spülmaschine vor Ort, die Sie nutzen können?
- **Müssen Sie Kork- und/oder Gabelgeld bezahlen?**

- ○ **Hat die Location Empfehlungen** für Musiker oder DJs?
- ○ **Wer kümmert sich um die Technik?**
- ○ **Ist die Technik im Preis** enthalten?
- ○ **Wie lange** können Sie in der Location feiern?
- ○ **Ist es möglich, die verabredete Dauer der Feier zu überziehen** – und wie viel kostet das?
- ○ **Ist mit Baulärm oder anderen Unannehmlichkeiten** zu rechnen, die Sie jetzt nicht sehen/hören können?
- ○ **Müssen Sie Rücksicht auf Anlieger der Location nehmen,** z.B. hinsichtlich parkender Autos oder Lärmbelästigung nach 22 Uhr?
- ○ **Gibt es eine Kaution** oder andere Kosten, die anfallen können und über die noch nicht gesprochen wurde?
- ○ **Lassen Sie sich schriftlich geben,** was alles im Preis enthalten ist. Nicht vergessen: Vertragspartner, die Sie mit der Location buchen müssen, oder Zusatzkosten.
- ○ **Bis wann muss Ihre verbindliche Reservierung erfolgen?**
- ○ **Wie hoch ist die Anzahlung?**
- ○ **Wann und wie** sollen Sie bezahlen?
- ○ **Gibt es genügend Parkmöglichkeiten?**
- ○ **Gibt es genügend Übernachtungsmöglichkeiten** in der Location selbst oder in der Nähe?

Standesamt-Termin gebucht?

Bevor Sie die Location verbindlich buchen, reservieren Sie Ihren Termin auf dem Standesamt. So können Sie sich nicht nur sicher sein, dass die Hochzeit am gewünschten Tag stattfinden kann – Sie wissen auch Bescheid über die genauen Uhrzeiten und somit darüber, ab wann Sie die Location brauchen. Das hat Auswirkungen auf den Preis und Ihre Auswahl des Catering.

Ungewöhnliche Locations

Einander ewige Treue schwören, während Sie sich auf dem Falshöfter Leuchtturm den Wind um die Nase wehen lassen? Ungewöhnliche Locations für die Trauzeremonie stehen Ihnen reichlich zur Verfügung. Beachten Sie, dass solche Orte oftmals nicht über das zuständige Standesamt zu buchen sind. Von Vorteil ist, dass Sie sie teilweise mit mehr zeitlichem Vorlauf reservieren können als den standesamtlichen Termin.

- ○ **Sissis Lieblingsort war die Roseninsel** im Starnberger See. Wenn Sie diese Umgebung ebenso lieben, können Sie sich im luftigen Gartenhäuschen standesamtlich trauen lassen. (Reservierungen über die Gemeinde Feldafing)

- ○ **Der mittelalterliche Buttenturm und die Godobertuskapelle** (1260 wurde sie das erste Mal urkundlich erwähnt) in Gelnhausen sind ein beliebter Ort für Trauungen – der Standesbeamte tritt im historischen Gewand auf. (Standesamt Gelnhausen)

- ○ **Kirche und Schiff kombiniert** die evangelische Flussschifferkirche in Hamburg, die bis zu 130 Gäste fasst.

- ○ **Standesamtlich auf einem Schiff trauen** lassen können Sie sich auf der denkmalgeschützten Viermastbark »Passat«. Sie liegt in Lübeck-Travemünde. Eheschließung, Feier und Übernachtung für das Hochzeitspaar und Gäste sind an Bord möglich. (Standesamt Lübeck)

- ○ **Die Trauung im Hallighaus auf der Hallig Süderoog** müssen Sie sich erst einmal erlaufen: mit einer geführten eineinhalbstündigen Wattwanderung zur Hallig von Pellworm aus. Sie werden mit einer stilvollen Trauzeremonie und friesischen Traditionen belohnt. Das Hochzeitsoutfit wird auf sicherem Weg sauber transportiert, Umzug ist vor der Trauung möglich. (Standesamt Pellworm)

- ○ **Hier können Sie auf Leuchttürmen** mit einer kleinen Hochzeitsgesellschaft heiraten: auf dem Pilsumer Leuchtturm (Standesamt Greetsiel) oder dem Leuchtturm Falshöft (Standesamt Geltinger Bucht).

○ **Lieben Sie luftige Höhen,** dann können Sie sich in der Burgbergseilbahn im niedersächsischen Bad Harzburg trauen lassen. (Standesamt Bad Harzburg)

○ **»Ja« sagen auf der Zugspitze:** kann man im Gletscherrestaurant »Sonnalpin« mit Blick über die Alpen (Standesamt Garmisch-Partenkirchen) und kirchlich in der Kapelle »Maria Heimsuchung«.

○ **Ein Winterwunderland ist das Alpeniglu Dorf im Brixental:** Sie können in der Iglu-Kapelle sowohl standesamtlich als auch kirchlich heiraten, im Iglu-Dorf feiern und sogar Ihre Hochzeitsnacht in einem Iglu verbringen. Um den Standesbeamten bzw. Pfarrer kümmern sich die Paare selbst, das österreichische Alpeniglu Dorf hat Tipps für Sie parat. Auch im österreichischen Iglu-Village Kühtai können Sie heiraten.

○ **Unter der Erde heiraten Sie in der Tropfsteinhöhle** mit dem zauberhaften Namen »Märchendom in den Feengrotten«. (Standesamt Saalfeld)

○ **Unter Tage, in 16 Metern Tiefe,** finden im Schieferbergwerk unter der Genovevaburg Trauungen statt, mit Platz auch für größere Hochzeitsgesellschaften. (Standesamt Mayen)

○ **Die Hochzeitsmühle »Vergissmeinnicht«** in Friedrichskoog bietet Trauungen an bestimmten Tagen sogar zur Mitternachtsstunde an. (Standesamt Marne-Nordsee)

○ **Ebenfalls zur Mitternachtsstunde heiraten** und eine Sternenhochzeit feiern können Sie z.B. in Pellworm an der Nordsee. (Standesamt Pellworm)

○ **Planetarien** sind ebenfalls Orte für außergewöhnliche Trauungen – mit individueller Sternenshow. (z.B. Standesamt Nord in Hamburg, Standesamt Tempelhof-Schöneberg in Berlin)

○ **Wer Verwandte im fernen Ausland an der Trauzeremonie teilhaben lassen möchte,** kann dies über einen Livestream per Internet tun. Das bietet z.B. der Veranstalter der Trauungen im Lüneburger Wasserturm an. (Standesamt Lüneburg)

Frühzeitig reservieren

Reservieren Sie rechtzeitig: Informieren Sie sich, wie lange im Voraus Sie (unverbindliche) Reservierungen für Ihre Location vornehmen können – die Fristen für Standesamt und Location sind häufig verschieden! Aber buchen Sie nichts ungesehen. Besuchen Sie die Location vorab, sprechen Sie mit den beteiligten Personen, probieren Sie das Essen, sehen Sie sich die Zimmer, den Trausaal und die weitere Umgebung an.

Vor der Hochzeit:
Es wird konkret

9–3 Monate

Standesamt-Termin buchen

6 Monate

Bevor Sie Ihren Wunschtermin beim Standesamt reservieren können, müssen Sie Ihre Ehe bzw. Lebenspartnerschaft anmelden. Ist das erledigt, kann es so richtig losgehen mit dem Planen und Reservieren aller anderen Einzelheiten.

○ **Melden Sie Ihre Ehe beim Standesamt Ihres Hauptwohnsitzes** an, auch dann, wenn Sie die Ehe bzw. Lebenspartnerschaft in einer anderen Stadt schließen möchten.

○ **Gehen Sie gemeinsam zur Eheanmeldung.**

   ○ **Nur in Ausnahmefällen** kann ein Partner alleine mit einer detaillierten Bevollmächtigung die Ehe anmelden, z. B. wenn der andere Partner längere Zeit beruflich verhindert ist. Die detaillierte Bevollmächtigung können Sie im Internet herunterladen.

   ○ **Ihr Partner kann und muss dann zu einem späteren Zeitpunkt** beim Standesamt die Ehe von seiner Seite aus anmelden.

○ **Bringen Sie einen gültigen Personalausweis oder Reisepass** zur Eheanmeldung mit sowie:

   ○ **eine aktuelle beglaubigte Abschrift/einen beglaubigten Ausdruck aus dem Geburtenregister,** nicht älter als sechs Monate, vom Standesamt Ihres Geburtsorts.

   ○ **Eine Aufenthaltsbescheinigung/Ledigkeitsbescheinigung** (egal, ob Sie deutscher oder Staatsbürger einer anderen Nation sind) vom Einwohnermeldeamt Ihres Hauptwohnsitzes, mit Angaben zu Familienstand, Staatsangehörigkeit, Wohnung. Die Aufenthaltsbescheinigung muss extra zum Zweck der Eheschließung/Begründung der Lebenspartnerschaft ausgestellt sein. Erkundigen Sie sich vorab bei Ihrem Standesamt, ob die Aufenthaltsbescheinigung dort im Rahmen der Anmeldung Eheschließung/Lebenspartnerschaft erstellt wird. Dann sparen Sie sich doppelte Wege.

   ○ **Ggf. bringen Sie** Ihre Aufenthaltsberechtigung mit, eine Abstammungsurkunde, Einbürgerungsurkunde, Befreiung vom Erfordernis der Ehemündigkeit durch das Familiengericht des Wohnorts, Ihre Abschlussurkunde bzw. Promotionsurkunde und Ähnliches, wenn Ihr akademischer Grad in die Heiratsurkunde aufgenommen werden soll.

○ **Bei gemeinsamen Kindern legen Sie eine aktuelle Geburtsurkunde des Geburtsstandesamts vor,** die Sie beide als Eltern ausweist.

Für alle vergangenen Ehen

○ **Scheidungsurteil oder Sterbeurkunde** des früheren Partners
○ **Einen aktuellen beglaubigten Ausdruck/eine Abschrift aus dem Eheregister,** Heiratsurkunde der letzten Ehe (erhältlich beim Standesamt)

Für alle vergangenen Lebenspartnerschaften

○ **Das rechtskräftige Aufhebungsurteil bzw. die Sterbeurkunde** der früheren Lebenspartnerin/des früheren Lebenspartners

Falls weitere Umstände auf Sie zutreffen

○ Gemeinsame Kinder sind im Ausland geboren, Scheidung im Ausland, ausländische Staatsbürgerschaft, Adoption, Spätaussiedler/Vertriebener usw. Fragen Sie frühzeitig telefonisch beim Standesamt an und erkundigen Sie sich, welche Unterlagen Sie mitbringen müssen.

Sechs Monate im Voraus anmelden

Beim Standesamt können Sie sich frühestens sechs Monate vor dem gewünschten Trautermin anmelden. Reservieren Sie Ihren Wunschtermin und die Uhrzeit am besten auf den Tag genau sechs Monate vorher, dann sind Sie auf der sicheren Seite. Manche Paare nächtigen sogar vor dem Standesamt, um auch ganz sicher an ihrem Wunschtag zu ihrer Wunschzeit in ihrem Wunschstandesamt heiraten zu können.

Nutzen Sie den Termin vor Ort, um folgende Punkte zu klären

○ **Anmelden, wie Sie sich bei der Namensführung** entschieden haben

○ **Urkunden zur Eheschließung bestellen,** dann können Sie diese gleich am Tag Ihrer Eheschließung in Empfang nehmen.

○ **Wenn Sie mit Trauzeugen heiraten:** Bis wann müssen diese gemeldet werden und welche Unterlagen sollen sie bis wann einreichen?

○ **Wie viele Personen** fasst der Trausaal?

○ **Musik während der Zeremonie:** Bis wann müssen Sie diese bestellen?

○ **Können Sie eigene Musiker** mitbringen?

○ **Können Sie eigene Musik auf CD** mitbringen?

○ **Wie ist die technische Ausstattung?**

○ **Wie lange dauert die Zeremonie?**

○ **Können Sie eigene Elemente** in die Zeremonie einbringen?

○ **Ist der Saal bereits dekoriert** – und falls nicht: Dürfen Sie ihn dekorieren?

○ **Dürfen Blumen oder Reis** gestreut werden?

○ **Wie verhält es sich mit dem Filmen und Fotografieren** der Zeremonie: Gibt es hier Vorgaben?

○ **Wie lange vor und nach der Trauung** dürfen Sie die Aufenthaltsräume nutzen?

Unterlagen aufbewahren

Heben Sie die Unterlagen der Eheanmeldung gut auf. Sie brauchen Sie später für die Trauung!

○ **Wie viele Personen** fasst der Aufenthaltsraum?
○ **Dürfen Sie dort einen Sektempfang** stattfinden lassen?
○ **Können Sie eigene Getränke** und Becher mitbringen?
○ **Wie sehen die Parkmöglichkeiten aus?**

○ ....

○ ....

○ ....

○ ....

Termin der kirchlichen Hochzeit

Beachten Sie: Erst wenn Sie standesamtlich verheiratet sind, können Sie auch die katholische, evangelische oder ökumenische Eheschließung vollziehen.

Die Anmeldung

○ **Reservieren Sie den Wunschtermin in Ihrer Kirche frühzeitig**: Das ist teilweise schon ein Jahr im Voraus möglich!

○ **Die verbindliche Bestätigung** machen Sie dann, sobald Sie die Eheschließung beim Standesamt angemeldet haben bzw. Ihren Termin dort erhalten.

○ **Bei katholischen Trauungen:**
  ○ **Sind beide Partner katholisch,** ist das Pfarramt der Braut zuständig.
  ○ **Ist nur der Mann katholisch:** Das Pfarramts des Mannes ist zuständig.

Katholisch heiraten in zweiter Ehe

○ **Haben Sie bereits eine katholische Ehe hinter sich** und Ihr Ex-Partner lebt noch, müssen Sie diese Ehe erst annullieren lassen, bevor Sie erneut katholisch heiraten können. Sprechen Sie mit dem Pfarrer.

○ **Waren Sie schon einmal in einer anderen Glaubensgemeinschaft verheiratet oder standesamtlich** mit einem anderen Partner und möchten Sie nun katholisch heiraten, sprechen Sie zunächst mit dem Pfarrer.

Vorbereitung der kirchlichen Trauung

○ **Ist einer der Partner** konfessionslos, sprechen Sie als Erstes mit dem Pfarrer der Gemeinde.

- **Wollen Sie von Ihrem Gemeindepfarrer außerhalb der Gemeinde getraut werden,** brauchen Sie eine Delegation/Erlaubnis des dortigen Pfarrers.

- **Wollen Sie außerhalb Ihrer Gemeinde von einem dortigen Pfarrer getraut werden,** besorgen Sie sich eine Erlaubnis Ihres Gemeindepfarrers (Traulizenz bzw. Entlassschein in der katholischen Kirche/ Zession bzw. Dimissorale in der evangelischen Kirche).

- **Vereinbaren Sie ein erstes Traugespräch** mit Ihrem Pfarrer bzw. Pastor – circa sechs Monate vor der Trauung.

- **Bringen Sie zum ersten Gespräch Folgendes mit:**
  - **Personalausweise**
  - **Taufurkunden mit Ledigennachweis**
  - **Anmeldung zur Eheschließung** bzw., falls bereits vorhanden, Heiratsurkunde des Standesamtes
  - **Konfirmationsurkunde,** falls Sie evangelisch sind

- _____

»Vernetzt« heiraten – Kosten sparen!

Fragen Sie den Pfarrer, ob am selben Tag oder am Tag vor bzw. nach Ihrer Trauung weitere Hochzeiten stattfinden. Zwecks Kosteneinsparung könnten Sie sich mit diesen Paaren zusammentun: Sie können z. B. den Blumenschmuck und die Stehtische vor der Kirche gemeinsam finanzieren, und wenn Sie am selben Tag heiraten, könnten Sie auch dieselben Musiker engagieren und sich so u. a. deren An- und Abfahrtskosten teilen.

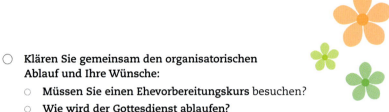

○ **Klären Sie gemeinsam den organisatorischen Ablauf und Ihre Wünsche:**

- ○ **Müssen Sie einen Ehevorbereitungskurs** besuchen?
- ○ **Wie wird der Gottesdienst ablaufen?**
- ○ **Wie lange wird der Gottesdienst** insgesamt dauern?
- ○ **Wie lange vor Beginn sollten die Gäste** da sein?
- ○ **Welchen Trauspruch** wünschen Sie?
- ○ **Können Sie einander noch eigene Ehegelübde geben?**
- ○ **Dürfen Sie eigene Inhalte oder** Anregungen einbringen?
- ○ **Wird es Fürbitten** geben und wer formuliert sie?
- ○ **Wird es ein Abendmahl geben?**
- ○ **Werden Sie eine Traukerze** mitbringen?
- ○ **Wie wird in die Kirche** eingezogen? Welche Personen gehen voran?
- ○ **Wofür soll die Kollekte** gespendet werden?
- ○ **Welche Lieder** sollen gesungen werden?
- ○ **Wer spielt die Orgel oder macht die Musik?**
- ○ **Wie ist die Technik und wer bedient sie** – für den Fall, dass Sie eigene Musiker organisieren, Musik von der CD spielen lassen möchten u. Ä.
- ○ **Wer gestaltet das Kirchenheft?**
- ○ **Ab wann kann der Blumenschmuck** in der Kirche angebracht werden?
- ○ **Darf während der Trauung fotografiert** und/oder gefilmt werden? Mit oder ohne Blitz?
- ○ **Dürfen Blumen oder Reis** gestreut werden?
- ○ **Können alle Beteiligten den Einzug** in die Kirche vorher proben – wenn ja: wann?
- ○ **Darf vor der Kirche oder im Eingang** ein Sektempfang stattfinden?
- ○ **Wie sehen die Parkmöglichkeiten aus?**
- ○ **Wird es weitere Vorgespräche geben?**
- ○ **Wie hoch sind die Kosten?**

○ _____

Wenn Sie katholisch sind

○ **Wünschen Sie eine Messfeier** mit einer Eucharistiefeier?

○ **Oder möchten Sie einen Wortgottesdienst** ohne Eucharistiefeier?

Wenn Sie ökumenisch heiraten wollen

○ Entscheiden Sie sich, ob Sie in einem katholischen Gotteshaus oder einem evangelischen getraut werden möchten. Danach richtet sich, welcher Pfarrer die Hauptverantwortung trägt und ob die Trauung kirchenrechtlich katholisch oder evangelisch mit Begleitung der jeweils anderen Konfession erfolgt.

○ ....

○ ....

9–6
Monate

Christlich-muslimische Ehen

Bei christlich-muslimischen Eheschließungen sind ein paar
Besonderheiten zu beachten. So ist z. B. nach dem Islam die Ehe
ein Vertrag zwischen Braut und Bräutigam – und die Trauzeremonie
ist der Vertragsschluss.

Evangelisch-muslimische Eheschließung

○ **Finden Sie einen Pfarrer und einen Imam,** die gemeinsam Ihren
Gottesdienst bestreiten wollen.

○ **Entscheiden Sie gemeinsam mit den Geistlichen, ob Sie die Zeremo-
nie in der Kirche oder in der Moschee durchführen werden.** Heiraten
Sie in einer Moschee, ist der Imam Hauptverantwortlicher und der
Pfarrer Gast. Heiraten Sie in einer Kirche, ist es umgekehrt.

○ **Fragen Sie Pfarrer und Imam,** welche Elemente der jeweiligen Religion Sie einbringen können.

○ **Sie finden nur entweder einen Pfarrer oder einen Imam,** der zu einer
christlich-muslimischen Trauung bereit ist? Prüfen Sie gemeinsam,
welche Elemente der jeweils anderen Religion Sie in den Gottesdienst
einbauen können.

Katholisch-muslimische Trauung

○ Holen Sie sich einen Dispens vom Bischof ein: Er befreit Sie dann vom
Ehehinderungsgrund der Religionsverschiedenheit. Voraussetzung
dafür ist:

    ○ Die Frau ist Christin, der Mann Muslim, da nach dem aus dem
Islam abgeleiteten religiösen Recht muslimische Frauen keine
Christen heiraten dürfen.

    ○ Der Mann darf nur diese eine Frau als Ehefrau haben und selbst-
verständlich umgekehrt.

    ○ Der katholische Partner darf seinen Glauben behalten und frei
ausüben, so will es die katholische Kirche.

    ○ Der katholische Partner muss sich bemühen, die Kinder katho-
lisch zu erziehen.

Fügen Sie hier weitere notwendige Planungen hinzu:

- ○ ....
- ○ ....
- ○ ....
- ○ ....
- ○ ....
- ○ ....
- ○ ....
- ○ ....
- ○ ....

Keine Ehe ohne Standesamt

Denken Sie daran, dass Sie standesamtlich getraut sein müssen, um Ihr Ja-Wort auch in der Kirche geben zu können. Übrigens gibt es nicht »den einen Islam«. Vielmehr ist es ähnlich wie beim christlichen Glauben: Es gibt verschiedene Interpretationen der heiligen Schriften und damit verschiedene Interpretationen der Religion. Erkundigen Sie sich gemeinsam nach möglichen besonderen Voraussetzungen, die ggf. von den hier gegebenen Hinweisen abweichen können.

Muslimische Eheschließungen

Beachten Sie, dass es je nach Auslegung des Islam verschiedene Vorgaben für die Eheschließung geben kann. Informieren Sie sich also über die genauen Details in Ihrem speziellen Fall. Auch hier ist der Zeitrahmen großzügig gefasst, mit der Überlegung, dass Sie sich bestimmt Ihren persönlichen Wunschtermin reservieren lassen möchten und somit rechtzeitig weitere Vorbereitungen treffen können.

- ○ **Zeigen Sie dem Imam die Unterlagen** über Ihren muslimischen Glauben.

- ○ **Zivilrechtlicher Vertrag:** Nach dem Islam schließen die zukünftigen Eheleute bei der Hochzeit einen zivilrechtlichen Vertrag miteinander – gehen also Pflichten und Verantwortlichkeiten gegenüber dem anderen ein. Ein mündlicher Vertrag ist ausreichend. Möchten Sie ihn darüber hinaus schriftlich festhalten?

- ○ **Die Inhalte des Vertrags** richten sich danach, was laut Scharia zur Ehe dazugehört. Ergänzungen sind möglich, solange sie diesen Regelungen nicht widersprechen. Welche möchten Sie und Ihr Mann aufnehmen?

- ○ **Wer ist der Wali,** der Vormund der Braut? Er schließt den Vertrag mit dem Bräutigam.

- ○ **Anwesend sein müssen:** ein Imam oder Kadi, der Wali, zwei Zeugen sowie der Ehemann.

- ○ **Eine standesamtliche Trauung** ist Voraussetzung dafür, dass Sie nach hier geltendem Recht ein Ehepaar sind und die rechtlichen Regelungen genießen.

Jüdische Eheschließungen

Wie streng oder weniger streng die jeweiligen Brautleute ihren Glauben leben, wirkt sich natürlich auch auf ihre Hochzeit und die Zeremonie aus. Es gibt einige Rituale, die zu einer jüdischen Hochzeit gehören, die hier nicht im Einzelnen aufgeführt werden. Ihr Rabbiner wird Ihnen genaue Auskunft geben.

- **Das Paar meldet sich beim Rabbiner an** und legt ihm die Unterlagen bzw. Nachweise über seinen jüdischen Glauben vor.
- **An welchem Tag möchten Sie heiraten?** Beachten Sie die unzulässigen Termine für Eheschließungen, die liegen u. a. an Sabbat oder Feiertagen, an Tagen trauriger historischer Ereignisse und an den Zwischentagen von Pessach und Sukkot.
- **Wo soll Ihre Trauung stattfinden?** Nach altem Brauch erfolgt die Trauung unter freiem Himmel, aber auch in Synagogen.
- **Das Ehepaar steht unter einer Chuppa,** einem Hochzeitsbaldachin, der von vier Stangen gehalten wird.
- **Es folgt eine Zeremonie mit** Wein, den Ringen, Gelöbnissen, Psalmen, dem verlesenen Ehevertrag und Rezitationen.

Freie Eheschließungen

Wer sich für eine freie Zeremonie entscheidet, tut dies sicherlich aus Glaubens-, besser gesagt, aus weltanschaulichen Gründen. Ein Vorteil ist: Sie sind freier in der Gestaltung der Trauzeremonie.

○ **Eine standesamtliche Hochzeit ist Voraussetzung dafür,** dass Sie nach hiesigem Recht als Ehepaar gelten.

○ **Suchen Sie sich rechtzeitig einen freien Theologen** (z.B. über www.freie-theologen.de) oder einen Hochzeitsredner, der zu Ihnen und Ihren Wünschen passt.

○ **Erkundigen Sie sich vorab nach seinen Leistungen,** die individuell verhandelbar sein sollten.

○ **Wie hoch ist das Honorar?** Erkundigen Sie sich vorab. Fragen Sie nach möglichen weiteren Kosten wie An- und Abfahrts- oder Übernachtungskosten und eventuellen »versteckten Kosten«.

○ **Lernen Sie den oder die Rednerin persönlich kennen,** bevor Sie verbindlich buchen: Sind Sie einander sympathisch, liegen Sie auf einer Wellenlänge, geht der Theologe bzw. Redner auf Ihre Wünsche ein?

○ **Haben Sie sich entschieden, vereinbaren Sie mindestens zwei Vorgespräche,** in denen Sie den genauen Ablauf und die Dauer Ihrer freien Zeremonie regeln.

○ **Wollen Sie religiöse Elemente** aufnehmen? Wenn ja, aus welcher Religion?

○ **Möchten Sie andere besondere Elemente** aufnehmen? Wenn ja, welche bzw. aus welchen Kulturkreisen?

○ **Wo möchten Sie sich trauen lassen?** In der Location, wo Sie feiern? Unter freiem Himmel oder in bestimmten Räumlichkeiten?

○ **Wollen Sie bestimmte Gäste in die Zeremonie einbeziehen** und wenn ja, wie?

○ **Wer sollen Ihre Trauzeugen sein?**

○ _____

○ _____

Das Redner-Honorar

Da Honorare für freie Hochzeitsredner bzw. Theologen stark variieren, informieren Sie sich vorab gut, welche Leistungen enthalten sind: Wie oft treffen Sie sich für Vorgespräche und wie lange dauern diese? Wie standardisiert oder individuell wird seine bzw. ihre Rede ausfallen, wie individuell wird er/sie sich vorbereiten? Überlegen Sie sich, welche Details Sie in jedem Fall wünschen – und vergleichen Sie die Honorare immer im Hinblick auf die angebotenen Leistungen.

9–6 Monate

Einladungen verschicken

Stehen Datum, Location und Stil der Hochzeit fest, schreiben Sie
die Einladungskarten. Hier können Sie bereits Ihre persönliche
Note setzen, indem Sie beispielsweise ein wiederkehrendes Element
Ihrer Hochzeit einbauen: ein bestimmter Stil, eine bestimmte Farbe …

- ○ **Wie hoch ist Ihr Budget** für die Einladungskarten – abzüglich Porto
  und ggf. Umschlägen?
- ○ **Ihr Porträtbild auf der Briefmarke?** Das ist bei der Post online
  möglich, erhöht allerdings auch die Kosten für die Marken.
- ○ **Soll ein Grafikdesigner** individuelle Karten für Ihre Hochzeit
  gestalten?
- ○ **Wollen Sie die Karten online oder mit Papier selbst gestalten?**
  Bedenken Sie vor allem bei Letzterem den zeitlichen Aufwand
  und die Kosten.
- ○ **Oder greifen Sie lieber auf die große Auswahl** an fertig gestalteten
  Karten zurück? Die finden Sie auch online.
- ○ **Derselbe Stil** für alle Drucksachen bietet sich an.
- ○ **Fragen Sie nach Rabatten,** wenn Sie mehrere Drucksachen beim
  selben Dienstleister bestellen.
- ○ **Ein paar Karten und Umschläge extra** kaufen ist sinnvoll: falls
  Sie sich verschreiben.

Wichtige Inhalte

- ○ **Ihre Vor- und Nachnamen**
- ○ **Ggf. ein Foto** von Ihnen, vor allem, wenn
  manche Gäste nur einen von Ihnen kennen
- ○ **Wer ist alles eingeladen?**
  - ○ **Der (unbekannte) Partner?**
  - ○ **Die Kinder?**
  - ○ **Hunde?**
- ○ **Ort und Uhrzeit des Polterabends?**

Einladung

- Standesamtliche Trauung, kirchliche Trauung, Sektempfang, **Essen und Feier:** Tag, Uhrzeit, ggf. ab wann die Gäste vor Ort sein sollen
- **Gemeinsames Frühstück nach der Feier?**
- **Beste Anreisemöglichkeiten für die Gäste**
- **Parkplätze vor Ort**
- **Geschenkwünsche der Brautpaars**
- **Dresscode**
- **Ansprechpartner** für die Abendgestaltung, für Rückfragen, Songauswahl und Ähnliches
- **Legen Sie einen frühen Termin fest,** bis zu dem Ihre Gäste zu- oder absagen und ihre möglichen Nahrungsmittelallergien oder -vorlieben (vegan, vegetarisch) angeben sollen.
- **Weiterführende Informationen zu** Hotels (hierzu gehört meist auch die Information, in welchem Hotel das Brautpaar unterkommt), Anfahrtskarte
- **Korrekturleser** sehen sich die Texte an, bevor Sie sie drucken lassen.

Gelassen bleiben

Die Gästeliste ist ein Thema, dass Sie bis zur letzten Minute Ihrer Hochzeitsvorbereitungen beschäftigen wird. Manche Gäste übersehen den Rückmeldetermin. Andere sagen erst ab und zwei Tage vor dem Fest wieder zu, bei manchen kommen plötzlich Krankheit oder ein wichtiger geschäftlicher Termin dazwischen. Bewahren Sie Ruhe und spannen Sie – vor allem bei Änderungen am Tag der Hochzeit – Ihre Helfer ein, um das Hin und Her möglichst reibungslos zu managen.

Die Hochzeitswebseite

Wer bei den Einladungskarten auf Papier verzichten will,
kann sie (passwortgeschützt) ins Internet stellen – oder
gleich eine Hochzeitswebseite anlegen.

- ○ **Welches Budget** steht Ihnen zur Verfügung?
- ○ **Sind Sie selbst geschickt** mit Blogs oder Internetseiten und können Ihre eigene Seite im gewünschten Stil gestalten?
- ○ **Gibt es einen guten Freund oder Verwandten,** der Ihnen Ihre Hochzeitswebseite als Hochzeitsgeschenk entwirft?
- ○ **Sehen Sie sich im Netz nach (kostenlosen) Vorlagen** um, die zu Ihrem Stil passen.
- ○ **Suchen Sie nach speziellen Anbietern von Hochzeitswebseiten.**
- ○ **Welche Webadresse** möchten Sie verwenden?
  - ○ Eine Kombination aus Ihren Namen?
  - ○ Nehmen Sie das Datum und den Ort, an dem geheiratet wird?
  - ○ Kombinieren Sie Ihre Namen oder etwas anderes Persönliches mit dem Begriff »Hochzeit«?
  - ○ Schnell zu merken – das ist das wichtigste Kriterium für die Adresse Ihrer Seite.

Die Inhalte

- ○ **Entscheiden Sie sich für einen Passwortschutz/Benutzernamen:** So kann Ihre Seite nur einsehen, wer Passwort und Benutzernamen kennt.
- ○ **Wählen Sie Passwort und ggf. Benutzernamen,** die leicht zu merken sind.
- ○ **Für noch mehr Privatsphäre** geben Sie an, dass Ihre Webseite nicht über Google auffindbar sein soll.
- ○ **Welche Funktionen** wollen Sie Ihren Gästen anbieten?
  - ○ **Einladungskarte** mit allen relevanten Informationen (siehe S. 46 f.)
  - ○ **Mitfahrzentrale** Hochzeitsgesellschaft

- Ein Kontaktformular, über das die Gäste direkt mit Trauzeugen oder anderen Helfern in Verbindung treten können
- Kontaktmöglichkeiten der Gäste untereinander
- Direkte Links zu den Hotels und Locations
- Link zu einem Routenplaner
- Fotoalbum Verlobungsbilder
- Fotoalbum Hochzeitsbilder
- Dankeskarten

○ _____

○ _____

○ _____

- Verschicken Sie ein paar Papiereinladungskarten per Post, um auch die ältere Generation zu erreichen, die mit dem Internet nicht so vertraut ist.
- Alle anderen Eingeladenen können Sie z.B.mit einer herzlichen E-Mail auf Ihre Einladungswebseite verweisen.

Ihre Flitterwochen

Die meisten Paare fliegen gleich im Anschluss an ihre Hochzeitsfeier in die Flitterwochen. Tun Sie es ihnen gleich: Das Gefühl der Verbundenheit und der Verliebtheit, das Sie nach der Trauung so frisch mit sich tragen, ist einmalig. Genießen Sie diese wunderbare Zeit, diese besondere Vertrautheit und tragen Sie so viel wie möglich davon mit in Ihren Alltag – der dann schon wieder früh genug kommt.

- ○ **Wie hoch ist Ihr Budget?**
- ○ **Haben Sie ein Traumreiseziel?**
- ○ **Fragen Sie Ihren Partner** nach Wunschzielen.
- ○ **Planen Sie die Hochzeitsreise als Überraschung** für Ihren Partner/ Ihre Partnerin?
- ○ **Wie lange** möchten Sie verreisen?
- ○ **Ist Ihnen Ihr Traumziel wichtiger** als die Dauer der Reise?
- ○ Bei begrenztem Budget kann es genau darum gehen: Sie wollen zwei Wochen nach St. Anton zum Skifahren reisen, können sich aber nur eine Woche leisten. Ist Ihnen dann die Dauer des Urlaubs wichtiger – oder die Reise an diesen bestimmten Ort?
- ○ **Zu welcher Jahreszeit** werden Sie in die Flitterwochen reisen?

Hochzeitsreise

Seien Sie vorsichtig bei Honeymoon-Angeboten. Die sind meist überteuert! Lieber erst bei Ankunft an der Rezeption erwähnen, dass Sie im »Honeymoon« sind: Viele Hotels geben dann von sich aus ein Upgrade. Einige Fluggesellschaften tun das übrigens auch – also bei der Buchung nicht verschweigen, dass Sie in die Flitterwochen starten!

- ○ **Welche Temperaturen,** welches Wetter sind dann an Ihrem Reiseziel zu erwarten?
- ○ **Suchen Sie nach Ruhe?**
- ○ **Oder viel Kultur und Abwechslung?**
- ○ **Ist Ihnen ein ungewöhnlicher Ort** für Ihre Flitterwochen wichtig?
- ○ **Welche Art von Hotel soll es sein?** Entspricht dort alles Ihren Vorstellungen? Ruhig, wenn Sie es ruhig mögen. »Kinderfreundlich« oder in »belebter Altstadt« für diejenigen, die gerne inmitten des Trubels sind.

Nach der Entscheidung

- ○ **Brauchen Sie ein Visum?**
- ○ **Sind die Reisepässe** noch lange genug gültig? (Bestimmungen des Reiselandes prüfen)
- ○ **Sind Impfungen** erforderlich?
- ○ **Auslandskrankenversicherung** abschließen?
- ○ **Reiserücktrittsversicherung** abschließen?

Das Hochzeitskleid

Das Budget für Ihr Kleid steht fest, der Stil Ihrer Hochzeit ebenfalls – und damit zwei Kriterien für Ihr Outfit. Wichtigster Tipp: Bleiben Sie Ihren eigenen Wünschen treu. Ihnen werden auch Kleider in einem anderen Stil stehen, geschickte Verkäuferinnen werden auf Sie einreden – lassen Sie sich davon nicht irritieren. Sie haben keine Kaufverpflichtung, denken Sie daran. Auch wenn Sie zwei Stunden lang Kleider anprobiert haben, können Sie bedenkenlos ohne Kauf aus dem Geschäft gehen.

- ○ **Welcher Stil** passt zur Ihrer Hochzeit und zum Outfit Ihres Partners/ Ihrer Partnerin?
- ○ **Möchten Sie Ihr Kleid anschließend weitertragen** können?
- ○ **Möchten Sie zwei Kleider?** Eines für die Hochzeitszeremonie und Empfänge – ein anderes für die Feier und das Tanzen am Abend?
- ○ **Fragen Sie telefonisch in Ihren Wunschgeschäften und -schneidereien an,** ob Sie einen Termin zur Anprobe ausmachen müssen.
- ○ **Gehen Sie mit wenig Make-up zur Anprobe:** Die weißen Kleider sind empfindlich.
- ○ **Eine gute Begleitung** ist ehrlich und konstruktiv.
- ○ **Gibt es Fotos** von Kleidern, die Sie so oder ähnlich gerne tragen würden? Nehmen Sie diese mit in das Geschäft/zum Schneider.
- ○ **Wie steht Ihnen das Kleid?** Schmeicheln Schnitt, Stoff, Farbe?
- ○ **Wie ist die Beweglichkeit** im Kleid?
- ○ **Ist das Gewicht des Kleides** erträglich für einen langen Hochzeitstag – und eine durchtanzte Nacht?
- ○ **Wie lang ist die Lieferzeit?**
- ○ **Welche Accessoires sind im Preis enthalten?**
- ○ **Ist eine Änderung des Brautkleids im Preis enthalten?**
- ○ **Wie ist das Kleid zu reinigen?**
- ○ **Bis wann und wie ist das Kleid zu bezahlen?**
- ○ **Ist das Geschäft/der Schneider versichert?**
- ○ **Was passiert bei einer Stornierung des Kleides?**

- ○ **Ließe sich Ihr Wunschkleid einfärben,** um es später weitertragen zu können, und was würde das kosten?
- ○ **Könnte Ihr Wunschkleid** später gekürzt werden und was würde das kosten?
- ○ **Lassen Sie sich ein Stück Stoff des Kleides** mitgeben, das Sie gekauft haben. So können Sie das Outfit Ihres Mannes besser auf das Ihre abstimmen (farbliche/stoffliche Abstimmung).

Welche Accessoires brauchen Sie?

- ○ **Schleier**
- ○ **Schuhe:** Wollen Sie sie später zu anderen Anlässen tragen können? Oder möchten Sie Ihre Schuhe mit dem Originalstoff des Brautkleids beziehen lassen? Fragen Sie Ihren Schneider oder das Brautmoden- geschäft nach Schuhmachern mit diesem Service.
- ○ **Braut-Moonboots** für die Winterhochzeit
- ○ **Strümpfe**
- ○ **Unterwäsche**
- ○ **Brauttasche**
- ○ **Eventuell Jacke/Bolero, Wintermantel**
- ○ **Extras: Brautgürtel, Brautstulpen, Brauthandschuhe, Haarschmuck, Ohrringe, Kette, Armreif/-band**

Frühzeitig losgehen

Sie kennen Bräute, die ihr Traumkleid im ersten Brautmodengeschäft vier Wochen vor der Hochzeit gefunden haben? Solche Glückskinder gibt es ebenso wie Frauen, die vier Monate vor der Hochzeit mit ihrer Suche beginnen, ihr Traumkleid nicht finden und so in einem Outfit »zweiter Wahl« heiraten. Gehen Sie lieber auf Nummer sicher!

Alles, bloß kein Kleid!

Sie sind eigentlich kein Kleidertyp? Probieren Sie dennoch mal ein Brautkleid an. Viele Frauen stellen erstaunt fest, dass es »mit einem Brautkleid etwas ganz anderes« ist. Aber natürlich stehen Ihnen Alternativen zur Verfügung – vom klassischen Hosenanzug über Rock und edle Bluse bis zu Leggins mit Tunika ... Klingt banal, wird aber dennoch von vielen Bräuten vergessen: Letztendlich gibt es nur eine Vorgabe für das perfekte Outfit, nämlich, dass Sie sich wohl und wunderschön darin fühlen.

Schwangere Bräute

- **Besorgen auch Sie Ihr Brautkleid frühzeitig:**
  - **Der Schneider muss die Termine für Sie blocken,** dafür braucht er frühzeitig Bescheid.
  - **Kaufen Sie von der Stange,** müssen Sie mögliche Lieferzeiten und Zeiten für die Änderungsschneiderei bedenken.
- **Fragen Sie nach Änderungsmöglichkeiten des Kleides von der Stange:** Oft ist es sinnvoll, Ihr Kleid etwas größer zu kaufen – und es kurz vor Termin an Ihre Figur anpassen zu lassen.
- **Fragen Sie nach den Änderungskosten.**
- **Eine letzte Anprobe** sollte wenige Tage vor der Hochzeit erfolgen: Erst dann kennen Sie Ihren genauen Bauchumfang. Lassen Sie den Termin vom Schneider blocken.

Stillende Bräute

- **Ein Trägerkleid** oder ein Kleid mit seitlichem Reißverschluss bietet sich an.
- **Viele Knöpfe, Corsagen und Ähnliches** sind unpraktisch.

- **Stillöffnungen** kann Ihr Schneider in Ihr Kleid oder Oberteil einarbeiten.
- **Die letzte Anprobe wenige Tage oder maximal zwei Wochen vor** dem Hochzeitstermin ist auch für stillende Bräute anzuraten: Ihre Figur verändert sich.
- **Sie brauchen zudem entsprechende Unterwäsche und Stilleinlagen,** um zu vermeiden, dass sich Milchflecken auf Ihrem Kleid abzeichnen.
- **Denken Sie daran, dass Babys nach dem Stillen spucken:** Nehmen Sie ein großes Tuch und etwas zum Umziehen mit.

Den Bräutigam ausstatten

Mal eben schnell einen günstigen Anzug für den Bräutigam auswählen und dann nix wie weg aus der Stadt mit dem Shoppingmuffel! So stellen sich viele Brautpaare das Ankleiden des Bräutigams vor – und merken dann schnell, dass die Ausstattung des Mannes (leider) ebenfalls viel Zeit und Nerven in Anspruch nehmen kann.

○ **Welcher Stil** passt zur Ihrer geplanten Hochzeit und dem Brautkleid?

○ **Welcher Schnitt** passt zur Figur des Bräutigams?

○ **Welche Farben** passen am besten?

○ **Wenn der Bräutigam das Kleid nicht sehen darf,** nehmen Sie ein Stück Stoff Ihres Kleides mit zum Herrenausstatter. Oder nehmen Sie ein Bild des Kleides, das Sie nur dem Verkaufspersonal zeigen.

○ **Sie haben bereits Schuhe** für die Hochzeit? Nehmen Sie sie zur Anprobe mit, damit die richtige Beinlänge berücksichtigt wird.

○ **Fragen Sie nach der Lieferzeit** des Anzugs.

○ **Sind Änderungen notwendig?** Fragen Sie nach, ob sie im Haus vorgenommen werden.

○ **Wann ist zu bezahlen?**

○ **Bis zu welchem Zeitpunkt könnte storniert werden?**

○ **Wie ist der Anzug zu reinigen?**

○ **Brauchen Sie eine Weste?**

○ **Eine weiße Krawatte?**

○ **Brauchen Sie extra Schuhe?**

○ **Wie sieht es mit Strümpfen aus?**

○ **Brauchen Sie für das Hemd Manschettenknöpfe?**

○ **Wird der Bräutigam einen Blumenanstecker,** z.B. in der Art des Brautstraußes, am Anzug tragen?

○ _____

○ _____

Cutaway: ein Gehrock, bei dem die Ecken abgeschnitten sind (cut-away). Dabei auf dazugehörige Stresemann-Hose (schwarz-grau gestreift), Schuhe (schwarz), Weste und weitere Accessoires achten! Er wird vormittags und nicht mehr nach 18 Uhr getragen.

Stresemann: Hose ist schwarz-grau gestreift, Jackett ist einreihig und das Revers ist steigend geschnitten, auch hier auf Weste, Schuhe usw. achten! Er ist etwas weniger festlich als der Cutaway und wird ebenfalls vormittags und nicht nach 18 Uhr getragen.

Smoking: Der klassische Smoking hat ein einreihiges Sakko mit einem Schließknopf. Beachten Sie auch hier weitere Details für Revers, Taschen, Weste, Schuhe usw. Der Smoking ist ein Abend-anzug, wird also ab 18 Uhr getragen. Eine kleine Ausnahme erlaubt der Knigge, wenn Sie frühestens ab 15 Uhr heiraten und keine Möglichkeit haben, sich später umzuziehen.

Frack: Das Jackett ist vorne taillenkurz und hinten knielang (Schwalbenschwänze genannt), es ist meist schwarz und wird offen getragen. Auch hier gibt es Vorschriften für die weiteren Kleidungsstücke. Der Frack ist ein festlicher Anzug, der ab 18 Uhr getragen wird.

Die Trauringe auswählen

Manche Paare verzichten ganz auf sie – für andere sind sie das wichtigste Symbol ihrer Ehe: die Eheringe. Auch hier gilt: Die Auswahl ist praktisch unüberschaubar und die Preise sind vielfältig.

Das Material

(Gelb-)Gold: der Klassiker unter den Trauringen
Vorteil: Der Ring kann in der Größe verändert werden.
Nachteil: Das Material ist empfindlich, eben weil es so weich ist.

Weißgold: gibt es in verschiedenen Zusammensetzungen und damit Werten. Gold mit Palladium ist die teuerste Variante.

Rotgold: Dieses Material besteht aus Gold und Kupfer. Je höher der Kupferanteil, desto intensiver der Rotton.

Silber: deutlich günstiger als Gold
Vorteil: Silber ist weich, der Ring kann in der Größe verändert werden.
Nachteil: Das Material ist empfindlich.

Titan: ein sehr leichtes, robustes Material
Vorteil: die Widerstandsfähigkeit
Nachteil: Die Größe des Rings lässt sich nicht verändern.

Platin: das seltenste Material – und damit das teuerste
Vorteil: Es hat eine hohe Reinheit und verkratzt und verfärbt sich kaum. Kein anderes Material ist so beständig und widerstandsfähig.
Nachteil: der hohe Preis

Palladium: gehört zur Platin-Gruppe
Vorteil: beständig, verfärbt sich langsamer als andere Materialien. Günstiger als Platin

Edelstahl: das günstigste Material für Eheringe
Vorteil: sehr hart und beständig
Nachteil: kann in der Größe nicht verändert werden

Den passenden Ring auswählen

○ **Welches Material passt zu Ihrem Alltag:** Sollte es ein widerstandsfähiger Ring sein?

○ **Welches Material passt zu Ihrem Budget?**

○ **Neigen Sie zu Allergien** und müssen darauf bei der Materialauswahl achten?

○ **Welche Gravuren** wünschen Sie?

    ○ **Ganz klassisch:** der Name des Partners und das Hochzeitsdatum?

    ○ **Ein Wort oder ein schöner Spruch** mit besonderer Bedeutung für Sie als Paar?

    ○ **Ein ganzes Gedicht, ein Songtext?** Möglich mit Lasergravur

    ○ **Den Fingerabdruck des Partners?** Möglich mit Lasergravur

○ **Fragen Sie beim Goldschmied Ihrer Wahl an,** ob Sie einen Termin ausmachen sollten.

○ **Kosten der Ringe?** Davon Materialkosten?

○ **Wie hoch sind die Kosten für Gravuren?**

○ **Bietet der Juwelier/Goldschmied Lasergravuren an?** Diese Art Gravur brauchen Sie, wenn Sie einen längeren Text, z.B. einen Songtext oder ein Gedicht, auf dem Ring verewigen möchten.

○ **Wie viele Wochen beträgt die Lieferzeit bzw. Anfertigungszeit?**

Nicht online personalisieren lassen

Wenn Sie Ihre Ringe online kaufen, lassen Sie sie nicht vom Onlineanbieter personalisieren, sonst haben Sie kein Rückgaberecht! Lassen Sie Ringe erst personalisieren, wenn Sie sie erhalten und gründlich geprüft haben.

Brautfrisuren und Make-up

Viele Bräute entscheiden sich für Hochsteckfrisuren. Sind sie gut gemacht, halten sie den ganzen Tag, sodass die Braut sich um das Aussehen ihrer Haare auch während der langen Feier keine Sorgen machen muss. Auch von einem professionellen Make-up profitiert sie in mehrfacher Hinsicht.

Den richtigen Friseur finden

○ **Ist der Friseur Ihrer Wahl erfahren mit Brautfrisuren?**

○ **Hat er an Ihrem Hochzeitstag** zur gewünschten Uhrzeit einen Termin frei?

○ **Würde er Sie ggf. an Ihrem Hochzeitstag daheim** oder in Ihrem Hotel-zimmer frisieren und schminken?

○ **Verrechnet er den Probetermin mit dem Honorar** für die Brautfrisur, wenn Sie sich für ihn entscheiden?

○ **Wie viele Probefrisuren** macht er beim Probetermin?

○ **Macht der Friseur Ihnen auch das Make-up?** Oder kann er Ihnen jemanden empfehlen, der vor Ort ist – sodass Sie Friseur- und Make-up-Probetermin am selben Ort nacheinander machen können?

○ **Gibt es ein Kombipaket** und damit einen günstigeren Preis, wenn Sie Frisur und Make-up zusammen buchen?

○ **Vereinbaren Sie einen Probetermin.**

○ **Sollen Sie mit frisch gewaschenen Haaren** zum Friseur kommen?

○ **Bringen Sie ein Foto Ihres Kleides mit.**

○ **Bringen Sie ggf. Fotos von Frisuren mit,** die Ihnen gefallen.

○ **Falls vorhanden, bringen Sie Ihren Schleier mit,** außerdem weitere Accessoires sowie ein Bild oder die Farben des Brautstraußes.

○ **Wie können Sie den Schleier abnehmen,** ohne die Frisur zu beschädigen?

○ **Bringen Sie viel Zeit mit zum Probetermin,** denn der Friseur wird verschiedene Frisuren ausprobieren und Sie müssen entscheiden, ob die richtige für Sie dabei ist.

Das Make-up

○ **Bringen Sie** ein Foto vom Brautkleid, ggf. der Frisur
und weiteren Accessoires mit.

○ **Lassen Sie sich in verschiedenen Varianten schminken.**

○ **In der Regel ist ein dezentes Make-up** die beste Wahl.

○ **Der Nachteil knallroter Lippen und eines farbigen Make-ups:** Es färbt
schnell ab, auf das eigene Kleid und die Kleidung all derer, die Sie an
diesem Tag drücken und küssen.

○ **Wasserfeste Wimperntusche** ist ein Muss, denn Tränen werden
garantiert fließen.

○ **Fragen Sie den Make-up-Stylisten,** ob und wie Sie sich am Tag nachschminken sollten.

○ **Kaufen Sie nach Möglichkeit die Produkte,** mit denen Sie geschminkt
werden, oder einen Teil davon, um sich an Ihrem Hochzeitstag unauf-
fällig nachschminken zu können.

Worauf möchten Sie die Aufmerksamkeit lenken?

○ Je auffälliger das Make-up, desto mehr lenken Sie von Ihrem Kleid
und der Frisur ab.

○ Je auffälliger die Frisur, desto mehr lenken Sie von Ihrem Gesicht
und Kleid ab.

Brautfrisuren – eine kleine Auswahl

○ **Wasserwellen** erinnern an Swing und passen zum Vintage-Look.
Sie eignen sich für lange Haare und für kurze.

○ **Chignon:** für sehr langes Haar. Der große Dutt am Hinterkopf kann
gut mit einem Haaraccessoire wie einer schlichten Blüte oder mit
einem Schleier getragen werden. Es ist eine schlichte, klassische und
elegante Frisur.

○ **Chignon im Nacken einschlagen** und fixieren. Stil: elegant, im
schlichtesten Sinne verspielt.

○ **Lockiges Haar am Hinterkopf hochstecken** und mit Haaraccessoires wie einzelnen funkelnden Steinen oder Perlen oder mit Stoffblüten verzieren. Romantischer Stil.

○ **Banane:** Die Haare werden am Hinterkopf zu einer Seite eingeschlagen. Eine klassische, unauffällige Frisur.

○ **Oben glatt und unten lockig:** Die Haare fallen lockig über den Nacken und die Schultern, während sie am Kopf glatt geföhnt sind. Romantischer Stil.

Haarschmuck

○ **Einem burschikosen Kurzhaarschnitt verleihen Sie eine sanfte, feminine Note** mit einem feinen silbernen Haarband, das Sie z.B. mehrfach um den Kopf binden.

○ **Ein Haarkranz** verleiht einem mondänen Pagenschnitt je nach Design einen edlen oder romantisch-verspielten Charme.

○ **Sie haben eine große Auswahl an Haarschmuck,** von Bändern, die in die Haare geflochten werden und/oder in den Nacken fallen, über Strass-Haarspangen in ganz verschiedenen Formen und Größen, Haarnadeln mit Verzierungen und ohne, Haarblüten in verschiedenen Stoffen, Formen, Größen und Stilen bis zu Fascinators. Sprechen Sie auch mit dem Verkäufer oder Schneider Ihres Brautkleids über die ideale Frisur zum Look und den Haarschmuck.

Professionelles Styling

Ein professionelles Styling ist teuer, aber sehr zu empfehlen: für einen dauerhaften frischen Look am Tag selbst und auf Ihren Erinnerungsbildern. Egal, wie gut der Fotograf ist: Ein professionelles Make-up und Haarstyling betont Ihre Schokoladenseiten und lässt Sie im schönsten Licht erstrahlen. Das bekommen nur Personen hin, die vom Fach sind.

Der Brautstrauß

Auch über die Wahl Ihres Brautstraußes können Sie den Stil
Ihrer Hochzeit noch einmal unterstreichen.

○ **Der Strauß sollte vom Stil** her zu Ihrer Hochzeit, dem Brautkleid, den
Accessoires, der Frisur und auch dem Outfit des Bräutigams passen.

○ **Die Farben der Blumen** sollten mit den Farben des Kleides, den Make-
up-Farben oder den wiederkehrenden Farben, z. B. in Dekorationsarti-
keln, harmonieren.

○ **Wollen Sie die Tradition wahren** und den Bräutigam den Brautstrauß
auswählen lassen? Er überreicht ihn der Braut dann vor bzw. in der
Kirche.

○ **Falls der Bräutigam Hilfe braucht,**

  ○ **kann die Braut der Floristin/dem Floristen ein Foto** von sich im
  Brautkleid geben (das der Bräutigam nach der Tradition natürlich
  nicht sehen sollte),

  ○ **kann die Trauzeugin, die Brautmutter oder eine andere Person,**
  die das Kleid bereits kennt, ihn begleiten

  ○ **oder sie nimmt eine Stoffprobe** des Kleides und die Make-up-
  Farben mit.

○ **Bitten Sie die Floristin, die Blumen so zu wählen** und den Strauß so
zu gestalten, dass nichts abfärben kann.

○ **Sie mögen Symbolik?** Dann suchen Sie die Blumen nach ihrer
jeweiligen Bedeutung aus. Die Floristin weiß sicher Bescheid und das
Internet ist wie immer auch hier eine gute Informationsquelle.

○ **Efeu** wird gerne als Teil des Brautstraußes verwendet, denn er steht
für ewige Treue.

○ **Einen Zweitstrauß** zum Werfen? Bräute, die ihren Brautstrauß als
Erinnerung behalten möchten, lassen einen zweiten, identischen oder
etwas kleineren anfertigen, den sie dann beim Brautstraußwerfen an
eine Junggesellin weitergeben.

Die gängigen Brautstraußformen

○ **Biedermeierform:** ein runder, kuppelförmig gebundener Strauß. Der Klassiker

○ **Zepterform:** ähnlich dem Biedermeierstrauß, allerdings mit langen Stielen

○ **Wasserfallform und Tropfenform:** Die Blumen fallen herab, verspielt oder streng.

○ **Korbstrauß:** Die Blumen sind in einem Korb arrangiert, den die Braut trägt.

○ **Armstrauß:** ein paar wenige langstielige Blumen, die die Braut quer über dem Arm trägt und somit nicht in der Hand hält. Sehr schlicht – kann sehr feenhaft wirken.

○ **Armreifstrauß:** Kleine Blüten sind als Armreif gebunden – so hat die Braut die Hände frei. Auch geeignet als Accessoire für die Trauzeugin, die Brautjungfern usw.

○ **Blumenkränze** im Stil des Brautstraußes bieten sich an für die Blumenkinder.

Preiswert und trotzdem schön

Je weniger aufwendig der Strauß gebunden ist, desto günstiger wird er auch. Darüber hinaus können Sie die Kosten niedrig halten, wenn Sie sich für Blumen entscheiden, die zur Zeit Ihrer Trauung gerade blühen. Machen Sie frühzeitig einen Termin mit dem Floristen aus und lassen Sie sich Fotos von Brautsträußen zeigen.

Ausstattung für Brautjungfern & Co.

Dem Brautpaar stehen Trauzeugen und teilweise auch Brautjungfern/ Bridesmaids und Groomsmen sowie Blumenkinder zur Seite. Bridesmaids und Groomsmen sind enge Freunde oder Familienmitglieder der Braut bzw. des Bräutigams. Sie sind in ihrer Anzahl nicht begrenzt. Die Tradition kommt aus dem englischsprachigen Raum. Meist bittet das Brautpaar die Benannten, ein Auge auf die Feierlichkeiten vor Ort zu haben und bei möglichen Problemen zu handeln.

Brautjungfern bzw. Bridesmaids

- ○ **Legen Sie mit Ihren Brautjungfern ein Budget fest,** das diese bereit sind, für das Outfit zu bezahlen.
- ○ **Die Braut gibt die Kleider vor.** Traditionell passen sie zum Stil der Hochzeit und zum Outfit des Brautpaares.
- ○ **Ihnen stehen zur Auswahl:**
  - ○ **Die gleichen Kleider** in Farbe, Schnitt und Stoff oder in unterschiedlichen Farben
  - ○ **Kleider im selben Stil,** mit unterschiedlichen Schnitten und/oder Farben
- ○ **Sollen auch Schuhe, Strümpfe, Taschen und Jacken** der Bridesmaids einheitlich sein?
- ○ **Kleine Blumensträuße** in der Art des Brautstraußes?
- ○ **Die Bridesmaids sollen das Brautpaar optisch umrahmen,** ihnen aber nicht die Schau stehlen.

Groomsmen

- ○ **Legen Sie mit den Groomsmen ein Budget fest,** das diese bereit sind, für das Outfit zu bezahlen.
- ○ **Dieselben Anzüge** in Schnitt und Farbe oder in unterschiedlichen Farben?

○ **Krawatten** in derselben Farbe?

○ **Anstecker** ähnlich dem des Bräutigams?

Outfit der Trauzeugen

○ **Der Trauzeuge** erhält einen kleinen Anstecker aus Blumen, ähnlich wie der des Bräutigams.

○ **Die Trauzeugin** bekommt, wenn Sie möchten, einen kleinen Blumenstrauß in der Machart des Brautstraußes.

○ **Überlegen Sie, ob ihre Outfits** sich am Outfit des Brautpaares orientieren sollen.

Nicht vergessen!

Ein Erinnerungsgeschenk für Bridesmaids, Groomsmen und die Trauzeugen gehört dazu. Meist ist es etwas, das sie zum Hochzeits-Outfit tragen können: z.B. ein Armband oder anderer Schmuck für die Frauen, Manschettenknöpfe oder ein Flachmann für die Männer – mit Datum oder den Initialen versehen.

Ausstattung Blumenkinder

○ **Wünschen Sie einen einheitlichen Look** für die Blumenkinder?

○ **Was sind die Eltern bereit,** für das Outfit der Blumenkinder auszugeben?

○ **Blütenkranze für die Mädchen, Anstecker für die Jungen** – beides angelehnt an den Stil des Brautstraußes

○ **Sie brauchen Körbchen, gefüllt mit Blüten.** Diese stellen Sie als Braut.

○ **Ein kleines Erinnerungsgeschenk** als Dankeschön

Junggesellen- und Junggesellinnen-Abschied

Traditionell gestalten die besten Freunde den Abschied vom Junggesellen-Dasein, den Männer und Frauen getrennt voneinander feiern. Sie können alles auf gut Glück seinen Lauf nehmen lassen – oder Ihren Freunden einen Wink geben, wie für Sie der Tag oder Abend aussehen soll. Da Sie selbst mit der Organisation nichts zu tun haben sollten, sind die folgenden Seiten für Ihre besten Freunde gedacht.

- ○ **Die Organisatoren legen Tag und Uhrzeit fest** – eine Überraschung für Braut bzw. Bräutigam.
- ○ **Das Wochenende vor der Trauung** ist oft der Termin der Wahl.
- ○ **Der Tag vor der Trauung?** Nur bei lockerem, entspanntem Programm. Das Brautpaar muss am Hochzeitstag topfit sein und bis spät in die Nacht durchhalten.
- ○ **Fragen Sie die Braut/den Bräutigam nach Vorlieben** und Abneigungen für die Feier: ruhig und gemütlich, ausgelassen und öffentlich, ausgelassen im privaten Rahmen?
- ○ **Manche Paare** möchten den Abschied vom Junggesellen-Dasein gemeinsam feiern – z. B. bei einem Städtewochenende mit Freunden oder einer ausgelassenen gemeinsamen Party – oder: beim Polterabend.
- ○ **Wie viel darf der Abend kosten?** Die Braut/der Bräutigam wird eingeladen, die Kosten verteilen sich auf die teilnehmenden Freunde. Was sind diese bereit zu zahlen?
- ○ **Planen Sie zeitlich von hinten nach vorne** und rechnen Sie einen Puffer mit ein!
- ○ **Legen Sie den Termin frühzeitig fest, laden Sie frühzeitig ein und buchen Sie frühzeitig:** Gerade zur Hochzeitssaison kann es sonst zu Engpässen kommen.
- ○ **Alternativen für Regentage** sollten Sie unbedingt parat haben.

○ **Das richtige Outift** sollte die Braut trotz Überraschung dennoch anhaben?

- ○ **Holen Sie sie zu Hause ab,** damit sie sich entsprechend zurechtmachen kann.
- ○ **Eine professionelle Stylistin** ist Teil des Programms?

○ **Der Ablauf steht, welche Gimmicks brauchen Sie?**

- ○ **T-Shirts mit Motiv oder Spruch?**
- ○ **Baumwolltaschen statt T-Shirts?**
- ○ **Einen Bauchladen sowie Süßigkeiten und Gimmicks?**
- ○ **Wechselgeld** für die Braut
- ○ **Bares für Sie,** um den Abend vorzufinanzieren, z. B. Gaststätte, Taxi, Eintritt usw.
- ○ **Soft-Drinks** für den Durst zwischendurch, gerade im Hochsommer
- ○ **Sekt/Champagner und Gläser** zum Anstoßen?
- ○ **Mini-Erste-Hilfe-Ausstattung:** Blasenpflaster, Pflaster, Nagelfeile

Traditionell geht's so:

Alle tragen T-Shirts mit einem Spruch darauf. Die Braut bzw. der Bräutigam verkauft Süßigkeiten und Gimmicks über einen Bauchladen; mit dem eingenommenen Geld soll der Abend finanziert werden. Spiele, bei denen die eigene Schamgrenze zu überwinden ist, bringen ebenfalls Geld ein. Wer das nicht will, kauft sich für das Spiel frei. Wem diese Tradition nicht zusagt, bittet die Freunde bereits vor der Planung, den Abend anders zu gestalten.

Der Polterabend

Traditionell findet der Polterabend am Tag vor der eigentlichen Hochzeit statt.

- ○ **Legen Sie einen Termin** für den Polterabend fest:
  - ○ Traditionell – vor dem Tag der (kirchlichen) Trauung?
  - ○ Lieber mit mehr zeitlichem Vorlauf – einige Tage oder Wochen vor der Trauung?
- ○ **Möchten Sie die Tradition wahren und nur den Termin bekannt geben,** ohne explizit einzuladen?
- ○ **Soll der Ort des Geschehens,** wie es allgemein üblich ist, vor Ihrem Haus bzw. dem Ihrer Eltern sein?
- ○ **Als Speise: ganz traditionell – also Hühnersuppe bzw. ein Hähnchengericht?**
- ○ **Welche Getränke** möchten Sie ausschenken? Sekt zum Anstoßen, Bier zur Suppe, Wasser und Soft-Drinks? Es geht auf einem Polterabend eher zünftig zu, sodass keine erlesenen Weine erwartet werden.
- ○ **Dekoration:** Ist es möglich, dass Sie ausgewählte Dekorationsgegenstände der späteren Hochzeitsfeier bereits für den Polterabend nutzen?
- ○ **Wo genau soll das Porzellan in Scherben geworfen werden?** Übrigens: Sie dürfen so ziemlich alles werfen – bis auf Spiegel und Glas. Erlaubt sind z.B. auch Steingut, Keramikartikel wie Fliesen oder Waschbecken. Selbst Kronkorken oder Blechdosen, also Haushaltsgegenstände aus Metall, sind möglich: Sie zerspringen natürlich nicht in Scherben, scheppern dafür aber schön.
- ○ **Ziehen Sie etwas Legeres an, das Sie entbehren können:** Mancherorts ist es Brauch, Kleidungsstücke anzunageln bzw. zu verbrennen.
- ○ **Einen Besen und ein Kehrblech** sollten Sie bereitstellen: Sie als Brautpaar müssen gemeinsam die Scherben zusammenfegen.
- ○ **Polterabend-Bräuche** sind regional verschieden. Informieren Sie sich über die jeweiligen Rituale und Bräuche Ihrer Region.

Spartipp Polterabend

Am Polterabend erwartet niemand von Ihnen, dass Sie kulinarisch groß auffahren. Selbst ein legeres Outfit ist genau angemessen. Mit dieser Tradition fahren Sie auch finanziell gut: Hühnersuppe stillt den Hunger, Wasser, Cola und Bier gegen den Durst, für jeden ein, zwei Gläser Sekt zum Anstoßen, Häppchen – und das war's. Im Idealfall haben Sie während der Vorbereitungszeit von einigen Monaten die Sonderangebote der Supermärkte in Ihrer Nähe beobachtet und das meiste günstig einkaufen können. Bitten Sie auch Eltern und Freunde, für Sie nach besonderen Angeboten Ausschau zu halten. Andernfalls prüfen Sie die Möglichkeit, Getränke auf Kommission zu kaufen. Wenn das Poltern bei Ihnen oder den Eltern nicht möglich ist, könnten Sie z. B. den Saal eines Vereins anmieten.

6–4 Monate

Den Fotografen auswählen

Gute Fotografen sind frühzeitig ausgebucht. Drei Monate vor Trautermin mit der Suche zu beginnen – das ist schon sehr, sehr knapp. Gefragte Fotografen nehmen teilweise unter vier Monaten Vorlauf gar keine Anfragen mehr an.

- ○ **Wünschen Sie eine Hochzeitsreportage,** bei der der Fotograf Sie den ganzen Tag über begleitet?

- ○ **Soll der Fotograf Sie nur einen Teil Ihres Hochzeitstages** begleiten – also z.B. die Trauung, den Sektempfang sowie einige Paarbilder machen?

- ○ **Persönliche Referenzen:** Sind in Ihrem Bekanntenkreis Hochzeitsfotos gemacht worden, die Ihnen sehr gut gefallen?

- ○ **Internetrecherche:** Benutzen Sie die Suchmaschine und füllen Sie sie mit einschlägigen Begriffen.

- ○ **Hochklassige Fotografie von den Besten der Welt:** Wenn Sie bereit sind, das entsprechende Honorar zu zahlen, dann recherchieren Sie bei der »International Society of Professional Wedding Photographers«.

- ○ **Sehen Sie bei den Portfolios genau hin:** Was gefällt Ihnen an den Bildern? Sind es die Motive? Ist es die Farbgebung? Halten Sie fest, was Ihnen gut gefällt. So können Sie später besser vergleichen.

- ○ **Lesen Sie den Blog** des Fotografen (die meisten haben einen): Macht er oder sie einen sympathischen Eindruck auf Sie?

- ○ **Wie viel Erfahrung** hat der Fotograf bereits mit Hochzeitsfotografie? Je erfahrener, desto teurer – gleichzeitig: desto mehr Vertrauensvorschuss.

- ○ **Können Sie online die Kosten oder Leistungen einsehen?** Viele Fotografen veröffentlichen ihr Honorar nicht online. Manche Fotografen stellen individuelle Leistungspakte für die Paare zusammen und können deshalb erst nach Rücksprache Angaben zum voraussichtlichen Honorar machen.

- **Welche Ausstattungen?** Fragen Sie nach Kamera, Objektiven usw. Ein Muss: Der Fotograf soll mit zwei gleichwertigen Kameras anreisen, falls eine ausfällt. Ist eventuell ein zweiter Fotograf im Honorar enthalten?

- **Schreiben Sie Ihre persönlichen Top-Fotografen an,** stellen Sie Ihre Fragen und machen Sie konkrete Angaben: Hochzeitsdatum, Art der Leistung (z.B. Reportage oder Trauung/Sektempfang/Paarbilder, Printfotoalbum, Onlinefotoalbum, Diashow). Fragen Sie nach Honorar, Versicherung, Ausstattung, Kosten für die Anreise …

- **Treffen Sie sich persönlich mit dem Fotografen,** wenn das Honorar für Sie stimmt und der erste E-Mail-Kontakt sympathisch ist. Können Sie sich vorstellen, Ihren ganzen Hochzeitstag mit dieser Person zu verbringen?

- **Dienstleistungsvertrag:** Ein Hochzeitsfotograf schließt mit Ihnen einen Vertrag. Wenn Sie etwas darin nicht verstehen oder etwas fehlt, sprechen Sie das auf jeden Fall an. Unterschreiben Sie nichts, was Ihnen nicht zusagt und was Sie nicht verstehen.

Ein Freund als Hobby-Hochzeitsfotograf?

Überlegen Sie sich, wie viel Wert Sie auf Ihre Hochzeitsfotos legen. Gute Fotografen fangen die Stimmungen und Gefühle ein, erfassen den Zauber des Tages. Vergleichen Sie Bilder von Hochzeitsfotografen, die Ihnen gefallen, mit denen Ihres Freundes: Kann er mithalten? Entscheiden Sie dann auch anhand obiger Checkliste. Was, wenn seine Kamera ausfällt? Bedenken Sie auch, dass dieser Freund auf der Hochzeit nicht entspannt mitfeiern kann. Ist er damit einverstanden?

Standesamt- und Trauzeremonie planen

Ablauf der standesamtlichen Trauung

Wenn Sie über den üblichen Ablauf der standesamtlichen Zeremonie Bescheid wissen, können Sie einschätzen, wann und welche persönlichen Elemente Sie dort gut unterbringen können.

○ **Die Zeremonie dauert** in der Regel zwischen zwanzig und dreißig Minuten.

○ **Prüfung der Personalien:** Der Standesbeamte prüft außerhalb des Trausaals die Personalien der (optionalen) Trauzeugen und des Brautpaars. Dafür haben Sie alle Ihren gültigen Personalausweis oder Reisepass dabei und sind circa eine halbe Stunde vor Trautermin anwesend.

○ **Die Gäste betreten als Erste** den Trausaal und nehmen Platz.

○ **Die Eltern des Paares sowie die Trauzeugen** sitzen in der ersten Reihe.

○ **Einleitende Worte des Standesbeamten:** Er richtet unter Umständen ein paar Worte an die Gäste, bevor es losgeht: zum Ablauf und ob das Fotografieren/Filmen während der Zeremonie gestattet ist.

○ **Einzug des Brautpaars,** oft mit Musik untermalt:
  ○ Sie ziehen gemeinsam ein.
  ○ Oder: Der Bräutigam wartet vorne im Saal auf die Braut. Sie zieht alleine oder in Begleitung eines Brautführers ein, evtl. gehen Brautjungfern oder Blumenkinder voran (für die Abfolge des Einzugs siehe auch S. 78, 80).

○ **Begrüßung des Brautpaars** durch den Standesbeamten

○ **Ansprache des Standesbeamten:** Worte über die Ehe, über das Brautpaar (Inhalt nach Ermessen des Standesbeamten), Hinweise zur vereinbarten Namensregelung

○ **Eheschließung:** Der Standesbeamte fragt Sie einzeln, ob Sie die Ehe miteinander eingehen möchten.

○ **Bei Bejahung** erklärt er Sie zu Eheleuten.

○ **Der Ringwechsel folgt.**

○ **Der Kuss der Eheleute**

○ **Teilweise Musikbeitrag**

○ **Zeit für individuelle Beiträge:** z.B. persönliche Wünsche einzelner Gäste oder persönliche Eheversprechen des Paares

○ **Formalitäten nach dem Jawort:** Der Standesbeamte liest die Niederschrift über die Eheschließung vor, die Trauzeugen werden vorgerufen, um zu unterschreiben, ebenso wie die Eheleute und der Standesbeamte. Ggf. unterschreiben Sie hier erstmals mit Ihrem neuen Ehenamen.

○ **Gratulation:** Zuerst beglückwünscht Sie der Standesbeamte und überreicht Ihnen Ihre Eheurkunde. Danach gratulieren die Eltern des Brautpaars und bleiben dann vorne bei Ihnen stehen. Anschließend gehen die Gäste vor und gratulieren per Handschlag oder Umarmung den Brautleuten und deren Eltern.

○ **Auszug:** Viele Paare zelebrieren auch den Auszug. Während die Gäste bereits draußen sind, verbringen die Eheleute ein paar Minuten in Zweisamkeit. Treten sie schließlich nach draußen, stehen die Gäste Spalier.

Ablauf der katholischen Trauung

Den Ablauf Ihrer Trauung planen Sie gemeinsam mit dem Pfarrer. Dabei orientieren Sie sich am üblichen Ablauf. Legen Sie den Ablauf nicht zu spät fest: Denken Sie daran, dass Sie auch noch das Kirchenheft gestalten und drucken lassen müssen (siehe Tipp S. 81).

1. Teil: Eröffnung

○ **Empfang:** Möchten Sie am Kircheneingang mit den Trauzeugen empfangen werden, wie es traditionell üblich ist?

○ **Welches Lied soll beim Einzug** in die Kirche gespielt werden?

○ **Sollen ein Brautführer** und/oder Blumenkinder, Brautjungfern mit Ihnen gehen?

○ **Soll der Organist** der Kirche spielen?

○ **Bringen Sie eigene Musiker** mit?

○ **Kyrie, Loblied/Gloria, Tagesgebet:** Möchten Sie sie gemeinsam mit dem Pfarrer auswählen?

2. Teil: Wortgottesdienst

○ **Haben Sie Wünsche bezüglich der Lesung** aus der Bibel?

○ **Soll an dieser Stelle ein weiteres Musikstück** gespielt werden?

○ **Welche Worte aus dem Evangelium** möchten Sie hören?

○ **Der Pfarrer hält die Predigt,** auch hierfür können Sie Wünsche äußern.

3. Teil: Trauung

○ **Sollen die Ringe von einem der Kinder oder einem Trauzeugen** nach vorne zum Pfarrer gebracht werden? Dann ist jetzt ein guter Zeitpunkt dafür.

○ **Der Pfarrer fragt zunächst den Bräutigam,** anschließend die Braut zu ihrer Bereitschaft zur Ehe. Haben beide »Ja« gesagt, folgt die:

○ **Segnung der Ringe.**

○ **Möchten Sie die Vermählung durch das Ja-Wort aussprechen?** Der Pfarrer fragt zunächst den Bräutigam nach seinem Ehewillen und fordert ihn auf, der Braut den Ring anzustecken. Dann fragt er die Braut: »Nehmen Sie Ihren Bräutigam N. an als Ihren Mann und versprechen Sie, ihm die Treue zu halten …«, und die Braut antwortet mit »Ja«. Danach steckt sie dem Bräutigam den Ring an.

○ **Oder möchten Sie einander lieber den Vermählungsspruch** sagen, also: »Vor Gottes Angesicht nehme ich dich an als meinen Mann/ meine Frau. Ich verspreche dir die Treue… .« Der Ringtausch findet während dieser Zeremonie statt.

○ **Bestätigung der Vermählung**

○ **Soll an dieser Stelle ein Musikstück folgen?**

○ **Trauungssegen**

○ **Wer soll Ihre Fürbitten** sprechen?

○ **Wenn nur einer von Ihnen katholisch ist,** folgt nun das Vaterunser.

○ **Sind Sie beide katholisch?** Dann finden an dieser Stelle die Gabenbereitung, das Eucharistische Hochgebet, das Vaterunser und die Kommunion statt. Hier können Sie an verschiedenen Stellen ein Musikstück bzw. das Singen von Liedern einbauen: z.B. während der Gabenbereitung und der Kommunion.

○ **In beiden Fällen gibt es ein Schlussgebet und den Segen:** Möchten Sie es individuell gestalten?

○ **Soll vor und/oder während des Auszugs ein Musikstück** gespielt werden?

Ablauf der evangelischen Trauung

So grundverschieden sind katholische und evangelische Trauung nicht. Kennen Sie den Ablauf der evangelischen Trauung, können Sie Ihre individuellen Wünsche einbringen.

1. Teil: Eröffnung, Anrufung

○ **Empfang:** Möchten Sie, wie traditionell üblich, vom Pfarrer vor der Kirchentür empfangen werden?

○ **Wie soll der Einzug** stattfinden? Mit Brautführer und/oder Brautjungfern und Blumenkindern?

○ **Welche Musik** soll zum Einzug gespielt werden?

○ **Bringen Sie eigene Musiker mit?**

○ **Der Pastor begrüßt Sie** und führt ein: Gibt es individuelle Worte, die Sie gerne hören möchten?

○ **Eingangsvotum, Begrüßung und Gebet**

○ **Soll ein, und wenn ja, welches Lied** gesungen werden?

2. Teil: Verkündigung, Bekenntnis, Segnung

○ **Möchten Sie die biblische Lesung/den Psalm** selbst auswählen?

○ **Auch für die Predigt des Pfarrers** können Sie Wünsche angeben.

○ **Die Gemeinde spricht gemeinsam mit Ihnen das Glaubensbekenntnis.**

3. Teil: Trauung

○ **Werden die Ringe von einem Kind** oder einer anderen Person nach vorne gebracht?

○ **Welcher ist Ihr Trauspruch?** Er wird nun vorgelesen.

○ **Möchten Sie das Traubekenntnis** selbst sprechen?

○ **Oder »Ja, so wahr mir Gott helfe«** auf die Fragen des Pastors antworten?

○ **Ringwechsel**

- Ein gemeinsames Gebet, das Sie sich in Absprache mit dem Pastor aussuchen
- Der Pastor spricht den Trausegen.
- Wer soll Fürbitten vortragen? Ihre Freunde und Verwandten treten nun vor.
- Sie sprechen gemeinsam das Vaterunser.

4. Teil: Segen und Auszug

- Der Pastor spricht den Segen.
- Auszug aus der Kirche. Welches Musikstück soll gespielt werden?

Spartipp Kirchenheft

Bei der evangelischen wie bei der katholischen Trauung gilt: Wenn Sie den Ablauf des Gottesdienstes festgelegt haben, können Sie das Kirchenheft gestalten und drucken lassen. Im Internet finden Sie kostenlose Vorlagen, die Ihnen die Gestaltung erleichtern.

Freie Zeremonien und Hochzeitsrituale

Sie müssen nicht für alle Punkte einer frei gestalteten Zeremonie eigene Ideen einbringen, im Gegenteil: Es ist die zentrale Aufgabe des engagierten Redners, die Zeremonie zu gestalten.

Beispiel für eine freie Zeremonie

- ○ **Musik:** Welches Stück soll als Eingangslied gespielt werden und von wem?
- ○ **Einzug des Brautpaars:** Mit wem möchten Sie einziehen?
- ○ **Begrüßung** durch den freien Theologen/Redner
- ○ **Erste Worte** des Theologen/Redners: Haben Sie Wünsche?
- ○ **Soll ein Musikbeitrag/ein Redebeitrag** von einem Gast folgen?
- ○ **Zweite Worte** des Theologen/Redners: Haben Sie Wünsche?
- ○ **Wer soll die Fürbitten** halten?
- ○ **Traubekenntnis:** Möchten Sie es individualisieren und um eigene Ehegelübde erweitern?
- ○ **Klassischer Ringtausch** oder eigenes Ritual?
- ○ **Welchen Trausegen** oder welche guten Wünsche soll der Redner sprechen?
- ○ **Traukerze** oder ein ähnliches Ritual?
- ○ **Musikbeitrag** oder Redebeitrag von Gästen?
- ○ **Auszug**

Beispiele für Hochzeitsrituale

Das Ringband: Die Gäste stellen sich in zwei Reihen auf, das Hochzeitspaar steht jeweils am Kopf einer der beiden Reihen. Jede Gastreihe hält jeweils ein langes Band in Händen. Über dieses Band wandert der Ring: Gast für Gast nimmt ihn in Empfang und gibt ihn weiter, dabei gute Wünsche für das Brautpaar sprechend – bis die Ringe bei Braut und Bräutigam angekommen sind.

Das Schalen- und Elemente-Ritual geht auf die Kelten zurück. Die Gäste stehen in einem Kreis, vier von ihnen haben Schalen in der Hand: In der einen ist Räucherwerk als Symbol der Luft, in der anderen Wasser, in der dritten Erde, in der vierten Feuer. Der freie Redner taucht die Ringe in jeden der Behälter, während er dabei individuelle Worte für das Brautpaar spricht, z. B. dass ihre Zusammengehörigkeit so nährend sein soll wie der Erdboden, hell und leidenschaftlich wie das Feuer ...

Bei der Sandzeremonie halten Braut und Bräutigam jeweils ein Schälchen mit (unterschiedlich farbigem) Sand in der Hand. Sie füllen ihn nacheinander in ein Glasgefäß. Das symbolisiert die Zusammengehörigkeit. Oder: Jeder Gast schüttet Sand in das Gefäß und gibt dabei dem Brautpaar seine guten Wünsche für die Ehe mit auf den Weg.

6–3
Monate

Im Ausland heiraten

Standesamt- und Trauzeremonie planen

Sie überlegen, die Eheschließung im Ausland zu vollziehen? In der Regel ist das relativ leicht möglich, wenn Sie entsprechend vorbereitet sind. Informieren Sie sich vorab auch über die anfallenden Kosten: für die Eheschließung selbst, für Urkunden und Beglaubigungen, die Sie benötigen oder gerne besitzen möchten, für Übersetzungen und weitere mögliche Posten.

Rechtliche Voraussetzungen

- ○ **Informieren Sie sich, welche Unterlagen** Sie zur Eheschließung in Ihrem Wunschland mitbringen müssen: auf der Internetseite des Auswärtigen Amts, des Bundesverwaltungsamts, beim Konsulat oder der Botschaft Ihres Reiseziels.

- ○ **Beherrschen Sie die Landessprache?** Andernfalls benötigen Sie vor Ort einen Übersetzer.

- ○ **Die Voraussetzungen zur Eheschließung nach dem jeweiligen Heimatrecht des jeweiligen Partners** müssen erfüllt sein (für Deutsche z. B. Ledigkeit, siehe Kapitel »Standesamt-Termin buchen« S. 32 f.) – und zwar zur Zeit der Eheschließung im Ausland.

Pauschalangebot oder individuell?

Manche Reiseveranstalter haben sich darauf spezialisiert, Paaren, die im Ausland heiraten wollen, alle Formalitäten im In- und Ausland abzunehmen. Das kostet natürlich. Überlegen Sie sich, ob Ihnen die Zeitersparnis das Geld wert ist und Sie volles Vertrauen in den Veranstalter haben. Fragen Sie sich aber auch, ob Sie die Katze im Sack kaufen und sich von allen Begebenheiten vor Ort überraschen lassen wollen. Besser ist es, vorher einmal an den Ort Ihrer Wahl zu reisen, um zu sehen, ob Ihr Traumort für die Trauung geeignet ist.

○ **Gültigkeit nach deutschem Recht:** Informieren Sie sich vorab, ob die im Ausland geschlossene Ehe nach deutschem Recht gültig ist. Ist dies nicht der Fall, muss folgender Punkt erfüllt sein:

○ **Halten Sie bei der Eheschließung die Vorschriften des Gastgeberlandes (Ortsrecht) ein,** damit die Ehe später in Deutschland anerkannt werden kann.

○ **Eine Heiratsurkunde** ist wichtig für die nachträgliche Anerkennung Ihrer Ehe in Deutschland. Ist sie in einer anderen Sprache als Deutsch abgefasst, so müssen Sie sie von einem amtlich zugelassenen Übersetzer ins Deutsche übersetzen lassen – nur dann kann Ihre Ehe auch hierzulande anerkannt werden.

○ **Sie brauchen eine Echtheitsbestätigung** Ihrer ausländischen Heiratsurkunde, die Sie am Ort der Eheschließung bekommen.

Das Hochzeitsfest

12–1 Monat

Ablaufplan Hochzeit

Es ist sehr zu empfehlen, dass Sie einen genauen Ablaufplan Ihres Hochzeitstages erstellen – für sich selbst, alle Helfer und Dienstleister. Erstellen Sie den Plan so früh wie möglich: Ihre Dienstleister werden in der Regel Profis in Sachen Hochzeiten sein und können Sie auf Unregelmäßigkeiten oder voraussichtliche Engpässe aufmerksam machen. So können Sie frühzeitig neue Abstimmungen vornehmen.

Beispiel Ablaufplan Hochzeitstag

Der folgende Plan stellt einen Vorschlag dar, wie Ihr Hochzeitstag aussehen könnte und welche Zeiträume Sie für die einzelnen Programmpunkte circa veranschlagen müssen.

- ○ **11:00**: Beginn Styling der Braut
- ○ **11:00**: Beginn Foto-Hochzeitsreportage
- ○ **12:00**: Abfahrt des Zeremonienmeisters zur Kirche, um die Vorbereitungen vor Ort zu treffen:
  - ○ Auslegen der Kirchenprogramme usw.
  - ○ Empfang der Gäste und Briefing: Fürbitten, Lesungen
- ○ **12:00**: Die Hochzeitstorte wird geliefert: Empfang durch das Personal der Location.
- ○ **12:30**: Floristin/Dekorateur: Dekoration der Location
  - ○ Raum für Sektempfang
  - ○ Speise-/Tanzsaal
  - ○ Aufbau der Candybar
  - ○ Aufbau Computer für die spätere Diashow
  - ○ Toiletten: Notfallboxen aufstellen, Blumen und weitere Dekoration
- ○ **12:30**: Die Gäste treffen sich für die gemeinsame Abfahrt. Koordination durch die Trauzeugin
- ○ **12:45**: Abfahrt Bräutigam und Trauzeuge zur Kirche
- ○ **12:45**: Abfahrt der Gäste. Die Trauzeugin informiert den Zeremonienmeister per SMS, sobald die ersten Gäste abfahren.

- ○ **12:45:** Die Kirchenmusiker treffen in der Kirche ein: Aufbau des Equipments.
- ○ **13:00:** Braut und Brautvater: Abfahrt zur Kirche (eventuell in Begleitung des Fotografen)
- ○ **13:15:** Die Gäste treffen bei der Kirche ein.
- ○ **13:30:** Die Gäste nehmen Platz. Koordination: Zeremonienmeister und Trauzeugin
- ○ **13:35:** Einzug Braut & Brautvater
- ○ **13:40:** Beginn der Trauung (Programm: siehe Kirchenheft)
- ○ **14:20:** Auszug des Brautpaars aus der Kirche
- ○ **14:30:** Abfahrt der Gäste und des Brautpaars zum Ort der Feier. Koordination: Zeremonienmeister und Trauzeugin
- ○ **14:50:** Zwei Servicekräfte der Cateringfirma positionieren sich am Eingang des Raums für den Sektempfang. Im Raum stellt eine Servicekraft den Computer für die Diashow an. Im Hintergrund läuft Musik von CD.

Perfekte Organisation

Geben Sie allen Beteiligten eine Liste mit den Namen und Handynummern aller Helfer und Dienstleister, vom Zeremonienmeister über Stylisten, Musiker, Kinderbetreuer und Konditor bis zu den Anschriften der verschiedenen Hotels bzw. Locations. So können auch kurzfristige Absprachen getroffen und mögliche Pannen schnell behoben werden.

- **15:00: Offizieller Empfang:**
  - Sekt, Häppchen, fliegende Kellner
  - Das Brautpaar begrüßt die Gäste.
- **15:45: Die Hochzeitstorte wird hereingefahren.**
- **15:50: Tortenanschnitt: Nachmittagskaffee und Kuchen**
- **17:00: Ende des Nachmittagskaffees**
  - Abbau der Deko und der Candybar und Aufbau derselben im Vorraum des Speisesaals. Koordination: Zeremonienmeister und Trauzeugin
- **17:00–19:00: Gäste: Zeit zur freien Verfügung**
- **16:30–18:00: Brautpaar: Porträtbilder**
- **18:15–19:00: Familienporträts**
- **18:00: Musiker/DJ: Aufbau des Equipments; Essen für die Band bzw. den DJ**
- **19:15: Beginn der Musik**
- **19:15: Einlass der Gäste in den Saal**
- **19:30–21:30: Abendessen**
  - Rede des Bräutigams, Rede des Brautvaters
  - Ein detaillierter Ablaufplan für weitere Events liegt vor
- **Gegen 21:30: Eröffnungstanz des Brautpaars**
- Disko, offenes Ende der Feier
- Abbau durch Zeremonienmeister, Trauzeugin und weitere Helfer
  - Eine Liste der Dinge, die im Besitz des Brautpaars sind, liegt vor
  - Eine weitere Liste informiert darüber, was zurück an Floristen, Dekorateure und andere Dienstleister geht.
  - Barzahlung der Musiker durch den Zeremonienmeister

Finden vor oder nach dem Hochzeitstag weitere Veranstaltungen statt, wie Polterabend oder gemeinsames Frühstück, erstellen Sie auch für diese Tage einen Ablaufplan.

Termin Fotosession

 Wenn Sie nicht vorgesehen haben, dass sich Braut und Bräutigam am Hochzeitstag in der Kirche bzw. am Standesamt das erste Mal begegnen, können Sie den Termin für die Porträtfotos auch vor die Trauung legen. Das Styling der Braut findet dann entsprechend früher statt. Nach dem Fototermin fährt das Brautpaar gemeinsam zur Kirche. Der Vorteil dieser Variante ist, dass Sie am Vormittag meist optimales Licht zum Fotografieren haben und Outfit, Frisur und Make-up noch perfekt sind. Außerdem haben Sie während der Feier mehr Zeit für Ihre Gäste.

6–3
Monate

Hochzeitsfeier zu Hause

Denken Sie daran: Immer dann, wenn Sie bei Ihrer Hochzeitsfeier daheim etwas für »draußen« planen, sollten Sie sich gleichzeitig eine Alternative für Regen oder sehr kaltes Wetter überlegen.

Möbel

○ **Brauchen Sie zusätzliche Stühle oder Tische?**

○ **Welche Möbel und Gegenstände müssen umgeräumt werden?**

○ **Buffet, Tanzfläche und Garderobe:** Wo haben Sie Platz dafür?

○ **Kinder- und babygerecht?** Brauchen Sie einen eigenen Bereich für die Kleinen, Spielsachen, Sitzmöglichkeiten wie Hochstühle? Sollten Sie eine Wickelmöglichkeit bereitstellen?

Bewirtung

○ **Catering oder sollen die Gäste das Buffet** stellen? (Siehe S. 17 f., 94–97)

○ **Ist Ihr Kühlschrank ausreichend?** Müssen Sie weitere ausleihen? Denken Sie daran, dass Kühlschränke nach dem Transport einen Tag stehen müssen, bevor man sie wieder einschalten kann.

○ **Wo bewahren Sie die Hochzeitstorte auf?**

○ **Getränke:** Sonderangebote kaufen? Auf Kommission kaufen?

○ **Wollen Sie Besteck, Geschirr und Gläser leihen oder evtl. Plastikgeschirr verwenden?**

○ **Brauchen Sie Servietten, Tischdecken?**

○ **Wie wollen Sie dekorieren?**

○ **Die optimale Beleuchtung:** Probieren Sie verschiedene Beleuchtungsmöglichkeiten frühzeitig aus. Brauchen Sie Kerzen?

Und außerdem

○ **Darf geraucht werden?** Wenn ja, wo?

○ **Wo können die Gäste parken?**

○ **Wo übernachten Ihre Gäste?**

Helfer bestimmen

- ○ **Serviceleistungen:** Wer wischt mal durch, wenn etwas verschüttet wurde?
- ○ **Wer sieht nach der Sauberkeit der Toiletten** und Vollständigkeit der Hygieneartikel?
- ○ **Wer hat einen Blick auf Geschirr und Co.:** Kümmert sich jemand um den Abwasch, wenn das Geschirr und die Bestecke ausgehen? Wer räumt ab, wenn sich die Geschirrberge türmen?
- ○ **Wer behält das Buffet im Blick,** reicht nach oder räumt auf, wenn die Platten leer sind und es unschön aussieht?
- ○ **Wer kümmert sich um die Tür?** Die Türklingel wird im Gewirr von Stimmen und Musik leicht überhört.
- ○ **Wer kümmert sich um die Musik?**
- ○ **Nach der Hochzeit:** Wer hilft beim Abbau, beim Saubermachen, wer entsorgt das Altglas und bringt geliehene Gegenstände zurück?
- ○ **Vorher: Schreiben Sie eine To-do-Liste,** frühzeitig und ausführlich. Was müssen Sie an welchem Tag erledigen? Wer hilft Ihnen dabei? Wie viel darf die Besorgung kosten?
- ○ _____
- ○ _____

Die Nachbarn einladen

Es wird laut werden bei Ihrer Feier. Damit die Nachbarn nicht die Polizei rufen, weihen Sie sie frühzeitig in Ihre Pläne ein. So können sie sich auf den Lärm einstellen und ggf. wegfahren. Im besten Fall laden Sie sie gleich zur Feier ein.

Essen und Trinken zu Hause: praktische Tipps

Wer nicht über den Platz für eine 70-köpfige Tafel und das Portemonnaie für fünf Kellner oder mehr verfügt, wird statt eines Menüs das Buffet wählen.

○ **Welche Speisen?** Haben Ihre Gäste Allergien oder Unverträglichkeiten?

○ **Wenigstens eine vegane Speise ohne Nüsse** sollte angeboten werden. Damit haben Sie die häufigsten Unverträglichkeiten bzw. Vorlieben ausgeschlossen: Vegetarier/Veganer, Personen, die aus Glaubensgründen bestimmtes Fleisch nicht essen, sowie Kuhmilchallergiker/Laktoseintolerante und Nussallergiker.

○ **Gibt es Kaffee und Kuchen? Überlegen Sie, ob Sie eine herzhafte Variante** mit anbieten wollen für alle, die nicht so auf Süßes stehen: z.B Brezeln mit Butter – zum Selbstbeschmieren oder als fertige Butterbrezeln.

○ **Fingerfood** lässt sich gut ohne Besteck essen. Ausreichend Servietten bereithalten! Auch für den Sektempfang ist Fingerfood geeignet: Rechnen Sie dann mit fünf bis sieben Häppchen pro Person.

○ **Passen Sie Ihre Speiseauswahl ein wenig der Jahreszeit an:** deftiger im Winter, leichter im Sommer.

○ **Bereiten Sie saisonale Speisen zu,** das senkt die Kosten.

○ **Zur Auswahl stehen sollten mindestens** ein Fischgericht, ein Fleischgericht und ein veganes Gericht.

○ **Teilen Sie das Buffet nach Möglichkeit in mehrere Stationen,** statt alle Speisen hintereinander an einer langen Tischreihe zu präsentieren: So verteilen sich die Gäste besser und müssen weniger lang anstehen.

○ **Verteilen Sie auch die Getränke auf mehrere Stationen:** Soft-Drinks, Wasser, Kaffee/Tee, Sekt, Wein, Bier und – falls vorgesehen – weitere alkoholische Getränke wie Bowle, Wodka …

○ **Sind Kinder anwesend,** überlegen Sie, ob Sie die Spirituosen besser außerhalb der Reichweite von Kindern aufstellen.

Welche Mengen?

Wenn Sie einen Catering-Service beauftragen und ihm die Anzahl an Gästen und die Dauer der Feier nennen, kann er Ihnen recht genau sagen, welche Mengen Sie bestellen sollten. Wenn Sie das Buffet selbst bzw. mithilfe von Freunden herrichten möchten, sollten Ihnen folgende Angaben ein Hinweis sein. Beachten Sie, dass die Mengenangaben variieren, je nachdem, wie lange Sie feiern und welche Gäste Sie haben.

Beispiel:
Mengen pro Person für ein kalt-warmes Buffet

- **Vorspeise:** 250 ml Suppe oder 150 g Salat
- **Pastete:** 80 g
- **Hauptgericht:** 200 g Fleisch oder 300–400 g Geflügel (mit Knochen) oder 200 g Fisch oder 100–150 g Nudeln oder 400 g Gemüse
- **Beilagen:** 75 g Nudeln oder 100 g Reis sowie 200 g Gemüse und ½ Baguette
- **Salate:** 250 g
- **Dessert:** 150 g Eis, Quarkspeise oder frisches Obst oder 100 g Käse

Zeit und Geld sparen?

Je länger die Feier, desto mehr wird konsumiert, desto mehr Getränke und Speisen müssen Sie also bereitstellen. Wer dazu gezwungen ist, bei seiner Hochzeitsfeier auch hier zu sparen, sollte den Beginn der Feier später am Tag ansetzen.

Catering und Hochzeitstorte

Welche Details Sie beim Bestellen eines Catering-Services beachten müssen, erfahren Sie hier. Und natürlich darf sie nicht fehlen: die Hochzeitstorte. Aus fünf Etagen besteht sie traditionell, jede steht für einen der Lebensabschnitte: Kindheit, Jugend, Ehe, Familie und Alter. In den Hollywood-Romanzen sehen Sie dreistöckige Torten, denn die Tradition in USA und England ist ein wenig anders. Die Etagen stehen für Vater, Sohn und Heiliger Geist.

- ○ **Holen Sie verschiedene Angebote ein.**
- ○ **Vergleichen Sie Honorar und Leistungen!**
- ○ **Fragen Sie bei besonderen „Hochzeitspreisen" nach:** denn manche Gaststätten versuchen das: Eine Flasche Wein kostet üblicherweise 16 Euro, bei Hochzeiten aber 23 Euro, eine Flasche Wasser statt der üblichen 6,50 Euro an Hochzeiten 8,80 Euro. Kann die Gaststätte oder der Caterer diesen Preisaufschlag nicht zufriedenstellend erklären und weicht von den Hochzeitspreisen auch nicht ab, dann entscheiden Sie sich lieber für einen anderen Anbieter.
- ○ **Korkgeld?** Wenn Sie Wein oder andere Getränke selbst mitbringen, verrechnet der Locationbesitzer/Bewirter dann Korkgeld? Fragen Sie nach, wie hoch dieses ist. Es kann bis zu 9 Euro pro Flasche betragen, sodass Sie von Ihrer Idee der Selbstversorgung evtl. Abstand nehmen möchten.
- ○ **Gabelgeld:** Bestellen Sie Ihre Hochzeitstorte woanders als bei Ihrem bewirtenden Catering-Service? Dann kann Gabelgeld anfallen.

Die Hochzeitstorte – ganz klassisch?

○ **Möchten Sie eine Torte mit fünf Stockwerken?**

○ **Oder wollen Sie lieber drei Etagen,** nach Hollywood-Vorbild?

○ **Sind mehrere einzelne Torten besser?**

○ **Brauchen Sie zusätzlich Petit Fours,** Muffins für die Kinder und
ähnliches kleines Zuckerwerk?

○ **Die traditionellen Zutaten für die Torte** sind Marzipan und Rosenöl.
Der bittersüße Geschmack der Mandeln und des Zuckers, aus denen
Marzipan gemacht ist, stehen für das Auf und Ab der Ehe. Das
Rosenöl steht für die Liebe.

Gästeunterkünfte

Es ist üblich, dass das Brautpaar den Gästen verschiedene Unterkünfte vorschlägt. Treffen Sie eine Auswahl von drei bis fünf Hotels und Pensionen in unterschiedlichen Preisklassen.

- ○ **Sehen Sie sich vor Ort** die verschiedenen Unterkünfte an.

- ○ **Lassen Sie sich Beispielzimmer** zeigen, reden Sie mit dem Personal – und entscheiden Sie erst dann, ob die Unterkunft geeignet ist.

- ○ **Wollen Sie die Strecke Hotel–Kirche, Feier–Hotel schon einmal fahren,** um zu sehen, wie lange Ihre Gäste ungefähr bis zum Ort der Trauung und der Feier brauchen werden?

- ○ **Blocken Sie unverbindlich ein bestimmtes Kontingent an Zimmern** bis zu einem bestimmten Datum und zu einem bestimmten Preis.

- ○ **Die Hotel- und Pensionsvorschläge für Ihre Gäste** verschicken Sie zusammen mit der Einladungskarte bzw. posten sie auf Ihrer Hochzeitswebseite.

- ○ **Wie weit sind die Unterkünfte** von der Kirche bzw. dem Ort der Trauung und der Feier entfernt? Vermerken Sie auch das in den Notizen an die Gäste.

- ○ **Gibt es jemanden unter Ihren Helfern,** der sich an Ihrer Stelle um die Gästeunterkünfte kümmern kann?

Das Hochzeitsfest

Ausland oder weit entfernter Ort

○ **Feiern Sie im Ausland oder an einem entfernten Ort,** sehen Sie sich ebenfalls unbedingt die Hotels und Pensionen vor Ort an, bevor Sie sie buchen.

○ **Lassen Sie sich Tipps geben** von einem der Dienstleister bzw. den Betreibern der Location, in der Sie feiern werden.

○ **Recherchieren Sie im Internet,** begutachten Sie den Internetauftritt und lesen Sie sich durch die verschiedenen Bewertungsforen wie holidaycheck.de.

Prospekt und Wirklichkeit

Wenn Sie nach dem Prospekt auswählen, lesen Sie die Beschreibungen gut und setzen Sie sich mit den Verschlüsselungen auseinander, z. B:

○ »Aufstrebender Ferienort« bedeutet, vor Ort erwarten Sie wenig Tourismus, wahrscheinlich aber viele Baustellen und Baulärm.

○ »Belebt« und »zentral« im Prospekt heißt »laut« in Wirklichkeit.

○ »Breite Uferpromenade« im Prospekt steht meist für eine mehrspurige Straße mit Autolärm.

Das Hochzeitsfest

Menü- und Platzkarten

Haben Sie das Catering bzw. die Speisen ausgewählt und die Rückläufe auf Ihre Einladungen erhalten, können Sie die Menü- und Platzkarten gestalten und drucken. Lassen Sie Ihre finalen Entwürfe von mehreren Personen gegenlesen, um mögliche Fehler zu korrigieren.

Menükarten

○ **Werden sie von der Location gestellt?**

○ **Praktische Aufgabenteilung:** Viele Restaurants drucken ihre Menüs auf Einleger aus transparentem Papier. Liefern Sie dazu eine Klappkarte in Ihrem Hochzeitsdesign. Der Vorteil: Sie können die Karten drucken lassen, bevor das Menü endgültig feststeht, z.B. kostengünstig zusammen mit Ihren Einladungen.

○ **Günstigste Variante:** Ein Blatt – auf der Vorderseite stehen die Namen des Brautpaars, auf der anderen Seite Menüfolge und Weine.

○ **Spar-Tipp Buffet:** Wenn Sie ein Buffet haben, ist eine Menükarte ein schönes Plus, aber kein Muss. Stattdessen platzieren Sie auf dem Buffet kleine Schilder, die die Speisen benennen und ggf. genauer beschreiben.

Platzkarten

○ **Bestellen Sie immer mehr Blankokarten,** als Gäste kommen werden, falls Sie sich verschreiben.

○ **Bei runden Tischen** oder Tafeln, an denen man einander gegenübersitzt, können Sie die Platzkarten von beiden Seiten beschreiben: So wissen die Gäste gleich, wie der Name ihres Gegenübers ist.

○ **Wie werden Sie die Tische stellen?** Überlegen Sie sich das jetzt schon, denn das hat Einfluss auf die Sitzordnung.

Tisch- und Platzkarten: kreativ und günstig

○ **Erstellen Sie Tischkarten** statt Platzkarten: So brauchen Sie nur eine große Karte pro Tisch.

○ **Ein Stück Zuckerwerk, wie z.B. ein Herz** mit dem Namen des Gastes darauf, ist die Platzkarte: Sie dient gleichzeitig als Gastgeschenk.

○ **Sammeln Sie schöne Steine mit glatter Oberfläche** und schreiben Sie die Namen der Gäste darauf. Dasselbe geht mit Zierkürbissen.

○ **Kaufen Sie günstig Teelichtgläser,** bemalen Sie sie mit Glasfarbe und schreiben Sie den Namen des Gastes darauf. So dient Ihre Platzkarte gleichzeitig als Dekoration und Gastgeschenk.

Raumplan

Erstellen Sie zusätzlich einen Raumplan, auf dem die Sitzordnung eingezeichnet ist, und platzieren Sie ihn in mehrfacher Ausführung vor dem Eingang. Das ist vor allem bei großen Hochzeitsgesellschaften sinnvoll. Zwei Listen weisen den Gästen ihre Plätze: Eine ist alphabetisch nach den Vornamen sortiert, eine weitere nach der Sitzordnung.

Transport von Brautpaar und Gästen

Einige Brautpaare entscheiden sich für besondere Transportmöglichkeiten an ihrem Hochzeitstag. Die Auswahl ist vielfältig.

Brautauto oder -kutsche

○ **Wenn Sie zur Hochzeitssaison oder zu Urlaubszeiten einen beliebten Autotyp oder eine Kutsche mieten** wollen, fragen Sie früh – einige Monate bis ein halbes Jahr vorher – an!

○ **Welches Fahrzeug passt zu Ihrem Hochzeitsstil?** Eine Kutsche oder ein stylisches Auto wie z. B. Oldtimer, Beatle, Sportwagen, Cabrio oder Limousine? Vielleicht nehmen Sie sogar eine Rikscha oder einen Roller?

○ **Wer soll alles im Wagen Platz haben?** Sitzen nur das Brautpaar und der Fahrer darin? Soll die Braut in einer Limousine mit ihren Brautjungfern zur Kirche bzw. zum Standesamt fahren? Oder fährt sie mit dem Brautvater und dem Fotografen? Übrigens: Nach einem alten Aberglauben bringt es Unglück, wenn der Bräutigam das Brautauto fährt.

○ **Kann die Braut in ihrem Kleid gut in dem Auto ihrer Wahl Platz nehmen?**

○ **Werden Sie das Auto von einem Freund oder Verwandten leihen?** Dann achten Sie darauf, dass Sie den Wagen frühzeitig waschen und ggf. polieren. Dasselbe gilt, wenn Ihr eigenes Auto das Brautauto sein soll.

○ **Wie und wo darf der Brautschmuck befestigt werden?** Fragen Sie beim Autoverleih bzw. Ihrem Freund oder Verwandten nach. Sollten sich der Autoverleiher und der Florist absprechen?

○ **Wie hoch sind die Mietkosten** und wird stundenweise oder kilometerweise abgerechnet?

○ **Müssen Sie den Wagen vollgetankt** zurückbringen?

○ **Welchen Versicherungsschutz** hat das Auto?

- **Wie lange im Voraus können Sie reservieren?** Ab wann wird Ihre Buchung verbindlich?
- **Organisieren Sie rechtzeitig: Wer bringt das Auto** am selben Tag (günstiger) oder am nächsten (teurer) zum Verleih zurück?
- **Einen Shuttle-Bus zu mieten** ist eine Überlegung wert, wenn alle Gäste in der Nähe übernachten und der Weg zur Kirche bzw. zur Trauung recht weit ist.

Spartipp Hochzeitsauto

Je eher Sie auf ein klassisches Hochzeitsauto verzichten können, um dem Stil Ihrer Hochzeit treu zu bleiben, desto zufriedener werden Sie mit Ihrer Wahl sein – und desto günstiger wird es. Wenn Sie eine Retro-Hochzeit feiern, könnte z. B. ein alter VW-Bus ein originelles und günstiges Brautauto sein. Innerhalb einer größeren Stadt können Sie auch mit der gesamten Hochzeitsgesellschaft die U-Bahn nehmen. Klingt unbequem? Wenn Sie nicht gerade zur Rushhour unterwegs sind und Ihr Kleid keine lange Schleppe hat, kann es eine vergnügliche Fahrt in der Gruppe werden – und gleichzeitig haben Sie schöne und ungewöhnliche Motive für Hochzeitsfotos.

Die Sitzordnung planen

Wer sitzt neben wem? Diese Frage zu klären ist für die meisten Brautpaare eine der nervenaufreibendsten Aufgaben. Beginnen Sie frühzeitig, dann ersparen Sie sich Stress, Hektik und Frust.

○ **Wie sollen oder können die Tische gestellt werden?** Ob lange Tafel oder runde Tische – das haben Sie schon bei der Planung der Platz- und Tischkarten (siehe S. 100 f.) entschieden. Zeichnen Sie nun den Raumplan auf.

○ **Arbeiten Sie mit leicht veränderbaren Utensilien:** Nehmen Sie z. B. ein großes DIN-A2-Blatt mit eingezeichneten Tischen und kleine Post-its, auf die Sie die Namen der Gäste schreiben. Diese können Sie schnell auf dem Plan verschieben.

○ **Klassische Sitzordnung:** Die Brauteltern sitzen neben dem Bräutigam, die Eltern des Bräutigams neben der Braut. Am selben Tisch sitzen die Großeltern.

○ **In der Nähe des Brautpaars** oder, wenn möglich, am selben Tisch sitzen: der Pfarrer, die Geschwister des Brautpaars, die Trauzeugen, die Paten.

○ **Wer in der Nähe des Brauttisches platziert ist** – so die klassische Regelung –, steht dem Brautpaar sehr nahe oder ist ein Ehrengast. Die Familie wird meist sehr nah ans Brautpaar gesetzt.

○ **Bunte Reihe?** Dabei sitzen sich die Gäste paarweise gegenüber, in einer Reihe immer abwechselnd Mann und Frau.

○ **Sollen die Kinder** bei den Eltern sitzen?

○ **Ist ein eigener Kindertisch** sinnvoll?

○ **Wer wird sich viel zu sagen haben,** ohne sich dabei in die Haare zu bekommen? Stellen Sie die Tische nach Interessen und auch nach Charaktertypen zusammen.

○ **Ist der Raum groß genug für alle Gäste** oder müssen Sie zusätzlich Tische in einem Nebenraum belegen? Wenn ja, ist es besonders wichtig, dass sich dieser Teil Ihrer Hochzeitsgesellschaft gut kennt und versteht, damit sich trotz des schlechteren Platzes alle wohlfühlen.

Wohin mit …?

Es bleiben immer ein paar Personen übrig, bei denen Sie nicht genau wissen, wohin Sie sie setzen sollen. Gehen Sie so vor: Überlegen Sie sich verschiedene Kategorien wie Hobby, Sport, Beruf, Wohnort, Reiseziele und suchen Sie nach Gemeinsamkeiten mit anderen. Kein Gast soll den Eindruck haben, dass man seinen Platz nicht sorgfältig gewählt hat. Schöner sind Begründungen wie: »Du und Johann, ihr habt beide diese lange Vietnamreise gemacht. Da dachte ich, ihr habt euch viel zu erzählen.«

Gastgeschenke und Dekoration

Mit der Wahl der Dekoration, der Blumen und Gastgeschenke geben Sie Ihrer Feier Ihre ganz persönliche Note.

Gastgeschenke – die Klassiker

- ○ **Fünf kandierte Mandeln:** ein Brauch aus Italien, bei dem die Mandeln für die fünf Wünsche Gesundheit, Glück, Kindersegen, ein langes Leben und Wohlstand stehen
- ○ **Glücksklee im Pflanztöpfchen.** Der Text auf dem Etikett könnte lauten: »Trag für uns das Glück in die Welt hinaus.«
- ○ **Selbst gemachte Marmelade:** Finden Sie ein Rezept mit Rosmarin – dieses Kraut wird von alters her an Hochzeiten verwendet, z.B. in Kränze geflochten oder als Rosmarinstock an die Gäste verschenkt.
- ○ **Hochzeitszigarren für die Männer, einen Fächer oder Pralinen für die Frauen**
- ○ **M&M's mit Ihrem Paarporträt und/oder Ihren Namen** darauf. Sie können sie online als Gastgeschenke anfertigen lassen.
- ○ **Besondere Helfer verdienen besondere Geschenke.** Zeremonienmeister, Trauzeugen und andere, die Ihre Hochzeit tatkräftig unterstützen, bekommen ein eigenes und hochwertigeres Geschenk: Sie sind in der Wahl frei.

Dekoration

- ○ **Die Dekoration erfüllt diese Zwecke:** Atmosphäre schaffen, Ihren Stil ausdrücken. Sie soll den Raum aber nicht überladen.
- ○ **Wie viel Platz für Dekoration haben Sie auf den Tischen,** wenn erst einmal Teller, Besteck, Gläser und Servietten platziert sind?
- ○ **Wollen Sie die Deko selbst übernehmen?** Ausverkäufe, z.B. nach Ostern oder Weihnachten, sind eine gute Zeit für Schnäppchen, in Möbelgeschäften ebenso wie bei eBay.

- Fragen Sie Bekannte, ob sie Dekoartikel haben, die sie Ihnen leihen können. Gerade wenn Sie Freunde mit ähnlichen Stilvorlieben haben, kann ein schöner, stimmiger Mix zustande kommen.
- Wollen Sie Antennenschleifen für die Hochzeitsgäste, die mit dem Auto angereist sind?

Blumen

- Die Floristin, die den Brautstrauß macht, übernimmt sicherlich auch die Blumendekoration. So ergibt sich ein schönes Gesamtbild.
- Standesamt und Kirche: Geschmückt werden der Altar bzw. der Tisch, die Stühle für das Brautpaar, die Seiten der (Kirchen-)Bänke, der Eingang, die Geländer an den Wegen und Treppen.
- Blumenschmuck fürs Hochzeitsauto
- Sektempfang: Tische und ggf. die Hochstühle dekorieren
- Speisesaal: Blumen auf den Tischen und an den Stühlen des Brautpaars. Denken Sie auch an sonst leer wirkende Plätze im Saal wie Fenstersimse oder Säulen.
- Toiletten: Blumendeko auf dem Fensterbrett und evtl. neben dem Waschbecken

Kombinieren und sparen

Wenn Sie sparen möchten, vereinen Sie so viele Elemente wie möglich in einem: Tischkarte, Deko und Gastgeschenk beispielsweise kombinieren Sie, wenn Sie individualisierte Teelichter (siehe S. 100 f.) an jeden Platz stellen. Oder Sie nehmen eine Kleepflanze, auf deren Topf der Name steht und die gleichzeitig ein Gastgeschenk ist.

Musik

Wer gute Bands will, muss sehr früh buchen. Teilweise sind zwölf Monate Vorlauf schon sehr knapp. Egal, ob Band oder DJ: Machen Sie mit den Dienstleistern einen Vertrag, der alle wichtigen Punkte enthält.

Musik und Tanz

○ **Wer soll in der Kirche bzw. auf dem Standesamt** den musikalischen Beitrag leisten?

○ **Soll auf dem Sektempfang** Musik gespielt werden?

○ **Gibt es Musik während des Essens?**

○ **Sind Sie fit für den Hochzeitswalzer?** Viele Tanzschulen bieten spezielle Auffrischungskurse für Brautpaare an.

Musiker/Band

○ **Für wie viele Musiker bzw. Instrumente und Technik haben Sie Platz?**

○ **Buchen Sie einen Musiker/eine Band** für alle Gelegenheiten oder verschiedene Künstler?

○ **Welche Stilrichtung soll es sein?** Möchten Sie verschiedene Stile für die verschiedenen Anlässe?

○ **Nutzen Sie das Internet** als Fundgrube für Hörproben!

○ **Falls die Musiker die Technik mitbringen:** Gibt es vor Ort die passenden Anschlüsse?

○ **Fragen Sie, wie oft die Band Spielpausen** macht.

○ **Wie rechnet die Band ab:** pro Stunde oder pauschal? Was kosten An- und Abfahrt?

○ **Faustregel:** Gute Musiker haben ihren Preis! Je mehr Professionalität, Bandmitglieder und Equipment, je größer der Bekanntheitsgrad und je länger die Spieldauer, desto teurer wird es.

○ **Können Sie die Band mit offenem Ende buchen oder** gibt es ein Zeitlimit?

- ○ **Können Sie den Termin reservieren** – und bis wann müssen Sie verbindlich buchen?
- ○ **Welche Getränke** sollen Sie für die Band bereitstellen? Überlegen Sie, ob Sie Alkohol erlauben möchten oder nicht.
- ○ **Wann haben die Musiker** Zeit zum Essen? Schlagen Sie ihnen die Auswahl Ihres Menüs oder Buffets vor.

Der DJ

- ○ **Über welches Musikrepertoire** verfügt er?
- ○ Welche Stile sind seine Spezialität?
- ○ **Welche Ausrüstung bringt er mit** und was müssen Sie bzw. die Location bereitstellen?
- ○ **Sprechen Sie mit ihm ab,** ob und wie oft er mit eigenen Beiträgen für Stimmung sorgen soll.
- ○ **Fragen Sie ggf. nach, ob er über die Möglichkeit von Karaoke** verfügt. Vielleicht haben Sie Gäste, die gut singen können oder die Ihnen gerne ein Ständchen bringen wollen.
- ○ **Wie lange ist er verfügbar** – was wünschen Sie sich und für die Gäste? Für das Honorar gilt dasselbe wie oben unter »Musiker/Band«.

Die günstigste Lösung: MP3

Wenn Sie weder Musiker noch DJ engagieren können, dann stellen Sie sich eine MP3-Sammlung von Liedern zusammen, die Sie auf Ihrer Hochzeit spielen. Nachteil ist, dass Sie nicht unbedingt auf die jeweilige Stimmung reagieren können. Oder Sie bestimmen einen Helfer, der sich hin und wieder um die Auswahl der Lieder kümmert und z.B. die passenden Songs spielt, um die Leute auf die Tanzfläche zu locken.

Kinderbeschäftigung

Jedes Paar sieht das anders: Ist eine Hochzeit ein Familienfest, bei dem Kinder dazugehören? Oder möchten Sie lieber, dass die Erwachsenen unter sich feiern? In beiden Fällen können Sie Ihren Gästen eine Kinderbeschäftigung anbieten, die je nach Wunsch mehr oder weniger in die eigentlichen Feierlichkeiten integriert ist.

- **Können Sie ein Kinderzimmer oder eine Spielecke** für die Kleinen einrichten? Sie sollte möglichst nah beim eigentlichen Geschehen und, gerade bei recht jungen Kindern, offen sein, sodass die Eltern Blickkontakt halten können.

- **Legen Sie einige altersgerechte Bücher und Spielsachen** für die Kinder zurecht. Fragen Sie ggf. im Freundes- und Bekanntenkreis, ob Sie sich etwas leihen können.

- **Fragen Sie in Ihrer Location, ob sie Malutensilien und Spielsachen** für die Kinder zur Verfügung stellen. Einige Locations sind mittlerweile gut auf den Besuch kleiner Gäste eingestellt.

- **Eine kleine Schnitzeljagd durch die Location** ist eine schöne Beschäftigung.

- **Geben Sie den Kindern Einwegkameras** mit bestimmten Aufgaben, die Sie dazu notiert haben: »Fotografiere die erste Person am Buffet!«, »Fotografiere einen Kuss des Brautpaars!«, »Fotografiere den vollsten Teller!« usw.

- **Eine große Kiste mit alten Kleidern,** mit denen die Kinder sich verkleiden können, ist immer ein Highlight.

- **Teurer wird es, wenn Sie Spielsachen anmieten,** eine Hüpfburg beispielsweise. Andererseits haben daran auch Erwachsene Spaß und die Erinnerungsbilder werden ganz sicher einzigartig und amüsant.

Eine externe Kinderbetreuung

○ **Ideal sind Erzieherinnen oder Kinderbetreuer,** die dies als Beruf gelernt haben und Kinder wirklich beschäftigen können, Streitigkeiten schlichten, trösten und all dies zuverlässig umsetzen.

○ **Sind die Kinder schon älter und können sich gut alleine beschäftigen,** können Sie eine Art »Babysitter« engagieren. Vielleicht kennen Sie eine kompetente Jugendliche, die einen Blick auf die Kinder hat und Ansprechpartnerin für sie ist.

Dienstleister oder Gäste?

Wie immer gilt: Wer zu einer beliebten Zeit einen gefragten Dienstleister engagieren will, muss dies frühzeitig tun. Sie möchten einen Ihrer Gäste fragen, ob sie oder er auf die Kinder aufpassen würde? Das ist sicher eine kostengünstige Variante, aber überlegen Sie sich sehr, sehr gut, ob Sie das wirklich wollen: Ihr Gast wird kaum zum Feiern kommen – und es ist seinerseits eine berechtigte Frage, ob Sie vielleicht keinen Wert darauf legen, dass er mit Ihnen feiern kann.

Schmetterlinge, Tauben, Ballons

Eine Aufgabe, die Sie gut den Trauzeugen übergeben können, ist die Organisation der Events rund um die Hochzeit – mit genauen Hinweisen, was Sie mögen und was nicht. Berücksichtigen Sie alle Aktionen unbedingt in Ihrem Ablaufplan, damit auch Ihre Dienstleister Bescheid wissen (siehe S. 88–91). Ein Tipp für alle, die nicht wissen, was sie Ihnen schenken sollen: Wie wäre es mit einer der folgenden Aktionen?

Die Klassiker

Tauben steigen lassen. Zwei Tauben kosten rund 90 Euro, 25 circa 150 Euro, je nach Entfernung.

○ **Fragen Sie, wie viele zahme Handtauben** dabei sind: Sie als Brautleute möchten sicherlich jeder eine auf die Hand nehmen.

○ **Wann?** Sprechen Sie mit dem Taubenzüchter die optimale Tageszeit ab.

○ **Was passiert bei schlechtem Wetter?** Beachten Sie, dass die Tauben nicht bei jedem Wetter starten können. Wie sieht die finanzielle Lösung aus, wenn Sie die Tauben bestellt haben, das Wetter Ihnen aber einen Strich durch die Rechnung macht?

Luftballons steigen lassen

○ **Wie lange sollen die Ballons halten?** Günstigere Ballons halten das Gas nur ein paar Stunden, teurere auch mehrere Tage.

○ **Wollen Sie im Internet oder im Geschäft vor Ort Helium und Ballons** erwerben? Dann müssen Sie aus Ihren Gästen Helfer rekrutieren, die sich ums Aufblasen kümmern.

○ **Im Geschäft aufblasen lassen?** Transportieren Sie die Ballons in einem Bettbezug im Auto zur Location.

○ **Soll eine Grußkarte daran hängen?**

○ **Was sagt die Deutsche Flugsicherung?** Erkundigen Sie sich im Zweifelsfall. Lassen Sie nicht Hunderte Ballons oder auch nur wenige in der Nähe eines Verkehrs- oder Militärflughafens aufsteigen.

Ihr Ballon-Team

Sie können natürlich die Ballons vor Ort und kurz bevor sie steigen sollen selbst aufblasen. Bitten Sie ein paar Ihrer Gäste, das zu übernehmen. So sparen Sie nicht nur diese Serviceleistung, die sonst das Geschäft übernommen hätte, sondern können auch problemlos die günstigen Ballons kaufen, die nur wenige Stunden halten. Beachten Sie aber, dass das Füllen der Ballons mit Helium, je nach Anzahl, einige Zeit in Anspruch nehmen kann. Beginnen Sie also rechtzeitig!

Andere Ideen, andere Preisklassen

Schmetterlinge steigen lassen

- **Kosten:** Sie sind abhängig von der Anzahl der Schmetterlinge und betragen ab 30 Stück rund 150–195 Euro.
- **Nur bei warmen Temperaturen von mindestens 15 Grad**
- **Sollen sie im Schwarm fliegen?**
- **Wollen Sie einzelne aus den Boxen aufsteigen lassen?**
- **Sollen die Gäste Wünsche mit auf den Weg geben?**
- **Machen Sie sich mit den Tierschutzbestimmungen** vertraut, u. a. was den Transport der Tiere betrifft.

Chinaballons

- **Auf das Seidenpapier schreiben Sie bzw. die Gäste Wünsche.**
- **Wollen Sie ein Ritual daraus machen?** Jeder Gast sagt seinen Wunsch laut und lässt den Chinaballon aufsteigen. Dann ist der nächste Gast an der Reihe.
- **Mancherorts sind die Himmelslaternen leider nicht erlaubt.** Erkundigen Sie sich nach den Regelungen in Ihrem Bundesland.

Persönliche Überraschung

Wenn Sie die Gäste mit einem Event überraschen wollen, ist es natürlich umso schöner, je mehr ein individueller Bezug zu Ihnen als Paar oder der Feier hergestellt werden kann. Haben Sie beispielsweise beide eine Leidenschaft für die Zauberei, könnte ein Zauberer auftreten, der sein Programm auf Ihre Hochzeit abstimmt. Oder Sie organisieren einen Automaten, den Sie mit witzigen Fotos Ihrer Gäste füllen. Gegen ein paar Münzen können sich die Gäste die Fotos ziehen.

... und mehr!

○ **Stellen Sie digitale Bilder von sich** zu einer Diashow zusammen. Immer ein Erfolg sind Baby- und Kinderfotos, Paarbilder oder auch Bilder von früher und heute von Ihnen mit Ihren Gästen. Platzieren Sie den Bildschirm an einem Ort, an dem die Gäste häufiger vorbeikommen, z. B. auf dem Weg zur Toilette oder Garderobe.

○ **Hochzeitsfeuerwerk:** Ein paar Raketen dürfen Sie selbst steigen lassen, ein richtiges Feuerwerk muss von einem Profi organisiert und durchgeführt werden.

○ **Mögen Sie die typischen Hochzeitsspiele?** Beliebt sind: ein Herz aus Bettlaken ausschneiden, einen Baumstamm durchsägen, eine Zementtorte zerhacken, das gegenseitige Füttern mit Sahnetorte ...

○ **Sollen die Gäste Aufführungen darbieten?** Meistens bereiten die Gäste kleine Beiträge als Überraschung für das Brautpaar vor: Gesangseinlagen mit auf das Hochzeitspaar abgestimmtem Text, kleine Reden, Zauberstücke, Musik – je nach Talent und Kreativität.

○ **Photobooth 1: Mieten Sie einen Fotoautomaten.** Ihre Gäste können darin herumalbern und sich ausprobieren. Bedingung ist natürlich, dass sie Ihnen einen Teil der so entstandenen Fotos als Erinnerung überlassen. Fragen Sie, wie viel Platz Sie berechnen müssen (circa 6 qm) und wie die technischen Voraussetzungen sind (meist nur eine 230-V-Steckdose).

○ **Photobooth 2:** Dies bieten einige Fotografen als Zusatzservice an. An geeigneter Stelle wird eine Kamera mit Fernauslöser aufgebaut, sodass die Gäste sich selbst fotografieren können: Es passen recht viele Leute auf ein Bild, Ganzkörperbilder sind möglich und allerlei Posen und Verrenkungen. Meist betreut die Assistenz des Hochzeitsfotografen diesen Photobooth.

Die kleinen Extras

Es ist gut, wenn Sie so früh wie möglich wissen, welchen Stil und Umfang Sie sich für Ihre Hochzeit wünschen. Ansonsten werden Sie erschlagen sein von dem großen Angebot, das der Hochzeitsmarkt bereithält. Hier nur ein kleiner Auszug der Extras, die Sie an Ihrer Hochzeit bereitstellen können:

- ○ **Hochzeitskleiderbügel**
- ○ **Aufkleber** »Ich« »will« oder »I« »do«, die die Braut sich unter die Schuhsohlen klebt
- ○ **Aufkleber** für die Männerschuhsohle wie »She's« »mine«
- ○ **Einmaltaschentücher** mit Reliefprägung oder Druck mit den Vornamen des Brautpaars und dem Datum der Trauung
- ○ **Spitzentaschentücher** für Braut und Brautmutter
- ○ **Fächer** für die weiblichen Gäste
- ○ **Stuhlschilder** »Braut« und »Bräutigam«
- ○ **Candybar**
- ○ **Hochzeitskameras,** Einmalkameras, die Sie den Gästen auf den Tisch stellen
- ○ **Notfallkörbchen** in den Toilettenräumen: Deo, Make-up-Tücher, Pflaster, Haarspray, Windeln für die Kleinen, Tampons, Nagelfeilen
- ○ **Seifenblütenblätter** statt der handelsüblichen Seife an den Waschbecken
- ○ **Personalisierte Servietten,** z.B. mit Datum der Hochzeit und den Namen des Brautpaars oder mit den Initialen des Gastes
- ○ **Ballerinas** für die weiblichen Gäste, die sich in den High Heels die Füße wund gelaufen haben
- ○ **Hochzeitsoutfit für den Hund**

- ○ _____
- ○ _____
- ○ _____

Ein individuelles Hochzeitslogo?

Hochzeitslogos werden speziell für die Trauung bzw. Feier angefertigt und finden sich überall auf der Hochzeit wieder: auf allen Drucksachen, als Motiv auf der Hochzeitstorte, auf Gastgeschenken, Wasserflaschen, Gäste-Flipflops – den Einsatzmöglichkeiten sind kaum Grenzen gesetzt.

Die Rede des Brautpaars

Es ist üblich, dass wenigstens einer von Ihnen Worte an die Gäste richtet. Bestimmt finden Sie Ihren individuellen und einzigartigen Stil, um auszudrücken, was Ihnen am Herzen liegt. Die folgenden Checklisten sollen Ihnen Anregungen geben.

- ○ **Wer?** Klassischerweise halten mindestens Brautvater und Bräutigam je eine Rede. Die Braut, Eltern des Bräutigams, die Trauzeugen und alle weiteren Personen, denen dies am Herzen liegt, sind aufgefordert, sich ebenfalls einzubringen.
- ○ **Wann?** Eine Rede wird während des Essens erwartet. Wenn es mehrere Reden des Brautpaars gibt, ist der Sektempfang eine gute Möglichkeit zu beginnen: Alle Gäste stehen beieinander und Sie können sie willkommen heißen.

Rede zum Sektempfang

- ○ **Begrüßung:** Wen möchten Sie in welcher Reihenfolge einzeln ansprechen? Welche Gäste fassen Sie in Gruppen wie Freunde, Verwandte, Studienkollegen oder Verein zusammen?
- ○ **Sie können mit Ihrem aktuellen Empfinden einsteigen:** Wie fühlen Sie sich, was ist Anlass für dieses Gefühl?
- ○ **Ein kleines Resümee über Ihr Glück zu zweit** – mit dem Höhepunkt der heutigen Trauung
- ○ **Ihre Vorfreude:** Worauf freuen Sie sich weiterhin in Ihrem Leben und an diesem Tag? Damit spannen Sie den Bogen zum:
- ○ **Ablauf des weiteren Tages.**
- ○ **Geben Sie ggf. Informationen zur Location und Umgebung.** Was befindet sich wo? Wo kann man in den Pausen spazieren gehen?
- ○ **Nennen Sie Ansprechpartner,** die für die Gäste wichtig sind.
- ○ **Nicht vergessen:** ein Dankeschön an bestimmte Personen
- ○ **Schlusswort:** Viel Spaß bei der weiteren Feier …

Ihre Tischrede

○ **Begrüßung:** Wen möchten Sie in welcher Reihenfolge einzeln ansprechen? Welche Gäste fassen Sie in Gruppen zusammen?

○ **Ihr eigenes Empfinden** und bisheriger Eindruck vom Fest

○ **Platz für Beobachtungen auf der Feier:** Schönes, Witziges, Erlebnisse mit bestimmten Personen

○ **Ein Dankeschön für ihren Einsatz** an Personen wie Zeremonienmeister, Trauzeugen und weitere Helfer

○ **Ein Dankeschön an Ihre Eltern**

○ **Richten Sie einige persönliche Worte an die Braut bzw. den Bräutigam** oder sprechen Sie über Ihre gemeinsame Zeit: das gemeinsame Glück, den Moment des Antrags, eine Anekdote, die typisch für Sie beide ist …

○ **Wie sieht der weitere Ablauf des Abends aus?** Was ist für den nächsten Morgen geplant?

○ **Zum Abschluss** wünschen Sie viel Spaß und eine schöne Feier.

○ **Wie lang?** Fünf Minuten sind vollkommen ausreichend, wenn nicht schon mehr als genug. Halten Sie sich kurz und knapp und dennoch herzlich.

Platz für Spontanes

Sie können Ihre Rede spontan halten, wenn Sie sie »sternförmig« vorbereiten oder wie eine Mindmap. In der Mitte des Blattes notieren Sie das Hauptthema, davon gehen in verschiedene Richtungen Äste ab, die Unterthemen beinhalten. So können Sie zu jeder Zeit jedes der Themen ansprechen, die Reihenfolge ist egal.

10–0 Tage

Beauty-Checkliste

Diese kleinen Tipps helfen Ihnen, Beauty-Notfälle auf Ihrer
Hochzeit zu vermeiden.

10–2 Tage vor der Hochzeit

○ **Als Braut sollten Sie sich einen Besuch bei der Kosmetikerin gönnen:**
Buchen Sie das ganze Programm, inklusive Augenbrauen zupfen,
Waxing, Maniküre und Pediküre. Der ideale Zeitpunkt ist zwei bis drei
Tage vor der Hochzeit, damit die Haut Zeit hat, sich nach der Behand-
lung zu erholen. Reservieren Sie also rechtzeitig!

○ **Benutzen Sie auch an den Tagen vor der Hochzeit** Ihre vertrauten
Pflegeprodukte, Cremes und Masken, um keine Ausschläge oder Pickel
zu riskieren.

○ **Brauchen Sie vor der Hochzeit noch einen frischen Haarschnitt?**
Kümmern Sie sich rechtzeitig um einen Termin.

○ **Haben das Kleid, der Anzug, Hemd und Krawatte den Transport gut
überstanden?** Müssen Sie sie zum Bügeln weggeben?

○ **Der Mann übt spätestens jetzt, den Krawattenknoten richtig zu binden.** Freunde und Väter sind eine gute Hilfestellung – ebenso entsprechende (Video-)Anleitungen im Internet.

Am Tag vor der Hochzeit

○ **Legen Sie eine Feuchtigkeitsmaske** oder Ähnliches auf, von der Sie
wissen, dass sie Ihrer Haut gut tut.

○ **Trinken Sie genug Wasser:** Das ist das A und O für schöne Haut.

○ **Wollen Sie Ihren Füßen und Beinen** etwas Gutes tun? Sie werden
sehr beansprucht sein am morgigen Tag: Eine Wechseldusche oder
eine kleine Massage mit einer guten Creme wirken Wunder.

○ **Zwanzig Minuten Dehn- und Kräftigungsübungen** am Abend vor der
Hochzeit – diese Wohltat für Ihren Körper werden Sie auch am nächsten Tag noch spüren.

○ **Haare zum Friseurtermin waschen oder nicht?** Was hatte Ihnen der
Friseur geraten?

Am Morgen der Hochzeit

○ **Erst frisieren, dann schminken, dann Brautkleid anziehen!**

○ **Wenn Sie sich selbst schminken:** Achten Sie auf gutes Tageslicht. Machen Sie die Probe: Stellen Sie sich an verschiedene Orte bei unterschiedlichen Lichtverhältnissen drinnen und draußen und lassen Sie eine Freundin prüfen, ob das Make-up gut wirkt.

○ **Legen Sie beim Anziehen ggf. ein Tuch** über empfindliche Stellen Ihres Kleides, damit Sie keine Make-up-Flecken verursachen.

○ **Lassen Sie sich beim Anziehen des Brautkleids** helfen, um Flecken und Falten zu vermeiden. Viele brauchen auch Hilfe beim Schließen des Reißverschlusses, der Knöpfe oder anderer Verschlüsse.

○ **Selbst wenn Sie meinen, keinen Bissen herunterzubekommen:** Essen Sie eine Kleinigkeit und trinken Sie unbedingt genug Wasser. Ihre Gefühle werden Sie gehörig durcheinanderwirbeln an diesem Tag, dafür sollte Ihr Körper gut gerüstet sein.

○ **Wenn möglich, machen Sie auch am Morgen ein paar Dehn- und Kräftigungsübungen.** Sie tun Ihrem vor Aufregung angespannten Körper einfach gut – und das wirkt sich auf Ihr Wohlbefinden aus.

Das Hochzeitsfest

Wohin mit ...?

Vor der Hochzeit schon an die Zeit nach der Hochzeit denken?
Ja, denn sonst stehen Sie in der Hochzeitsnacht da und fragen sich:
»Wohin nur mit ...?« Diese Liste soll Ihnen als Hilfestellung und
Anregung dienen, Persönliches zu ergänzen.

○ **Wohin mit dem Brautkleid, dem Brautstrauß und dem Anstecker
des Bräutigams,** wenn Sie im Anschluss an die Hochzeit direkt vom
Hotel aus in die Flitterwochen fahren? Bitten Sie eine vertraute Person, Ihr Brautkleid solange für Sie zu verwahren, und geben Sie ggf.
Tipps zur richtigen Aufbewahrung auch all der anderen Gegenstände.

○ **Wohin mit den Geschenken?** Wer ist mit einem leeren Kofferraum
angereist und kann für Sie in der Zeit, in der Sie in den Flitterwochen
sind, die Geschenke aufbewahren?

○ **Wer passt auf die Geschenke auf,** wenn Ihr Hochzeitsempfang zu
Hause stattfindet und Sie woanders essen? Hier ist Fingerspitzen-
gefühl gefragt: Ideal ist eine vertrauenswürdige Person, die nicht zu
Ihren Hochzeitsgästen zählt. Vielleicht gibt es auch jemanden in
Ihrer Familie, der ganz froh ist, an den größeren, lauteren Feierlich-
keiten nicht teilnehmen zu müssen, und gerne zu Hause bei den
Geschenken bleibt?

○ **Wohin mit dem übriggebliebenen Essen?** Fragen Sie vorab den
Caterer, ob Sie bzw. die Gäste das Essen mitnehmen dürfen.
Nehmen Sie Behälter mit, in denen Sie oder die Gäste die Speisen
dann transportieren können.

○ **Wohin mit der restlichen Hochzeitstorte?** Wenn sie entsprechend
gebacken ist, frieren Sie sie in Stücken ein. Im englischsprachigen
Raum gibt es die Tradition, zum ersten Jahrestag ein Stück Hochzeitstorte aufzutauen und zu verzehren.

○ **Wohin mit den Blumen?** Die können Sie den Gästen mitgeben. Aber
Achtung: Vasen und andere Behälter sind in der Regel Eigentum
des Floristen.

○ **Wohin mit weiteren Utensilien wie einem TV-Gerät oder Computer,**
den Sie z. B. für die Diashow mitgebracht hatten?

Wohin mit:

- ⃝ ....
- ⃝ ....
- ⃝ ....
- ⃝ ....
- ⃝ ....
- ⃝ ....
- ⃝ ....
- ⃝ ....

Nach der Hochzeit

0–8
Wochen
danach

To-do-Liste

Das Fest ist vorbei, was müssen Sie tun? Hier ist ein Überblick.

Am Abend bzw. Morgen nach dem Fest: aufräumen und reinigen

- ○ **Reinigung der Location,** in der Sie gefeiert haben, plus der angrenzende Räume, der Küche und Toiletten
- ○ **Spülen von Geschirr,** Besteck und Gläsern
- ○ **Müll mitnehmen und entsorgen**
- ○ **Abbau der Deko** und von Gegenständen wie Computern und Bildschirmen
- ○ **Notfallboxen aus den Toiletten entfernen**
- ○ **Speisen und Getränke** gut verpackt mitnehmen
- ○ **Ist etwas zu Bruch gegangen,** das Sie ersetzen müssen?
- ○ **Geliehenes bzw. Gemietetes zurückgeben:**
  - ○ **Was haben Sie sich von wem** geliehen oder gemietet?
  - ○ **Bis wann müssen Sie es** zurückgeben?
  - ○ **Haben Sie Helfer,** die das für Sie übernehmen?

- ○ _____
- ○ _____

Rechnungen

- ○ **Welche Dienstleister müssen Sie noch bezahlen und bis wann?**
- ○ **Auf welchem Wege zahlen Sie? In Raten, bar oder per Überweisung?**
- ○ **Haben Sie bereits die Rechnung?**

- ○ _____
- ○ _____

Hat sich Ihr Nachname geändert? Informieren Sie:

- ○ Ihren Arbeitgeber, Kollegen und Kunden
- ○ Das Finanzamt, Ihre Bank, Versicherungen, die Einwohnerbehörde
- ○ Vereine und andere Organisationen oder Institutionen wie z. B. die Stadtbibliothek
- ○ Dienstleister, mit denen Sie laufende Verträge haben, wie Stromversorger, Telefon- und Internetanbieter usw.
- ○ Organisationen, für die Sie regelmäßig spenden
- ○ Beantragen Sie einen neuen Personalausweis, Reisepass und Fahrzeugpapiere.
- ○ Selbstständig ändern Sie Ihre Daten auf E-Mail-Konten und bei Internetportalen und sozialen Netzwerken wie Facebook sowie weiteren Kundenkonten.
- ○ Hinter Ihrem neuen Namen lassen Sie übergangsweise in Klammern Ihren alten stehen, z. B. bei sozialen Netzwerken, E-Mail-Adressen, auf Tür- und Klingelschildern und Briefkästen

Weiteres

- ○ Geben Sie der Krankenkasse Bescheid, falls Sie nun gemeinsam versichert werden.
- ○ Muss Ihre Steuerklasse geändert werden?
- ○ Bei Auslandshochzeit: Prüfen Sie, ob Sie die Eheschließung hier anerkennen lassen müssen.
- ○ Möchten Sie Hochzeitsalben für die Brauteltern und die Eltern des Bräutigams erstellen bzw. erstellen lassen?
- ○ Wie wäre es mit Trash-the-Dress-Fotos? Das sind Bilder des Paares im Hochzeitsoutfit in ungewöhnlicher Umgebung, bei denen das Kleid sogar absichtlich verdreckt oder zerstört werden kann.
- ○ Oder wollen Sie Anzug und Kleid reinigen lassen und aufbewahren?

- ○ _____
- ○ _____

Dankeskarten verschicken

Lesen Sie alle Glückwunschkarten, sehen Sie sich die Geschenke genau an – und schreiben Sie dann, frisch beschwingt und beseelt vom Fest der Liebe, die Textentwürfe für Ihre Karten. Mit frischen Erinnerungen schreiben sich die Dankeskarten leichter und schneller und vor allem persönlicher. Optimal ist es, wenn Sie eine Liste anfertigen, in der Sie Namen, Geschenke und Wünsche zusammen festhalten, und so in Ihren Dankeskarten individuell darauf eingehen können.

○ **Im besten Fall liegen die Dankeskarten bereits vor** (siehe S. 46 f.) – ob neu erstellt, neu gekauft oder selbst gestaltet.

○ **Wählen Sie ein Foto von sich als Brautpaar** als Motiv oder verwenden Sie es als Beilage zu Ihrer Karte.

○ **Wählen Sie ein Foto des jeweiligen Gastes aus,** das auf dem Fest gemacht wurde, und legen Sie es der Dankeskarte bei.

○ **Haben Sie einen allgemeinen Text in die Karte gedruckt,** so können Sie die Anrede, Unterschriften und persönliche Texte handschriftlich verfassen.

○ **Wem danken Sie bzw. wer bekommt eine Karte?** Denken Sie auch an Dienstleister und ggf. weitere Personen, die Ihnen etwas geschenkt oder Wünsche übermittelt haben, die aber selbst nicht am Fest teilgenommen haben.

eBay und Co.

Welche Anschaffungen hatten Sie für die Hochzeit – und welche davon können Sie entbehren? Verkaufen Sie sie auf eBay oder anderen Portalen und in Secondhand-Läden und kompensieren Sie so einen kleinen Teil Ihrer Ausgaben.

Postkarte statt Brief

So sparen Sie Porto: Machen Sie aus Ihrem Foto eine Postkarte, indem Sie die Rückseite mit festerem Papier bekleben. Oder lassen Sie Ihr Foto direkt als Postkarte ausdrucken.

Der Text

- Wofür danken Sie?
  - **Für (Geld)-Geschenke**
  - **Für die Teilnahme am Fest**
  - **Welche besonderen Momente, Stimmungen, Eindrücke** möchten Sie erwähnen, die es ohne Ihre Gäste nicht gegeben hätte? Hier können Sie allgemein sprechen. Bei den individualisierten Karten sind natürlich persönliche Worte gewünscht.
  - Unvergesslich schön: Hat der Gast etwas Besonderes beigetragen, das Ihnen immer in Erinnerung bleiben wird?
- **Wenn Rücksendungen der Luftballonkarten** bei Ihnen eingetroffen sind: Notieren Sie kurze Anekdoten oder Anmerkungen dazu.

Hochzeitswebseite

- **Erstellen Sie eine allgemeine Diashow** mit ausgewählten Hochzeitsbildern und Musik Ihrer Feier. Verknüpfen Sie diese mit Ihrer Danksagung und stellen Sie die Präsentation online.
- **Gestalten Sie für jeden Gast eine individualisierte Diashow** mit Ihrer Danksagung. Verschicken Sie sie per E-Mail, als DVD per Post oder stellen Sie sie online.

Andenken aufbewahren

Erinnerungen zum Anfassen: So können Sie Andenken aufbewahren.

- **Blumendeko:** Brautstrauß oder Blumenanstecker des Mannes lassen Sie über Kopf hängend trocknen.

- **Blumendeko pressen:** Wer vertrocknete Sträuße nicht so mag oder den Brautstrauß geworfen hat, kann einzelne Blüten aus dem Strauß (die Freundin, die den Strauß gefangen hat, gibt sie sicherlich ab) pressen – und z.B. in das Fotoalbum kleben.

- **Körbchen der Blumenkinder:** Wollen Sie eines behalten und im Alltag verwenden, z.B. für Blumen, Fotos oder Ähnliches?

- **Drucksachen:** Aufbewahren sollten Sie Save-the-Date- und Einladungskarte, Menükarte, Kirchenheft, Ablaufplan, Platzkarte, Raumplan, Danksagungskarten, Glückwunschkarten der Gäste, Visitenkarte des Hotels ...

- **Möchten Sie eine Erinnerung aus dem Hotel** mitnehmen, z.B. einen Badvorleger mit dem Logo und Namen des Hotels oder die Bademäntel? Fragen Sie an der Rezeption, Sie können sie bestimmt käuflich erwerben.

- **Wenn Sie eine Hochzeitstruhe anlegen,** in der Sie die Andenken aufbewahren, haben Sie sie jederzeit griffbereit, wenn Sie sich an diesen wunderbaren Tag erinnern möchten.

- **Wie wäre es mit einem weiterführenden Foto- und Erinnerungsalbum?** Ihre Zweisamkeit beginnt mit der Hochzeit erst richtig. Warum also nicht auch mit Bildern die Geschichte fortsetzen: Legen Sie ein Album an, das erweiterbar ist. Halten Sie besondere Momente Ihrer Partnerschaft hier fest.

- **Aus den Scherben vom Polterabend** können Sie ein schönes Mosaik legen und daraus ein Bild machen, das Sie an die Wand hängen. Oder aus den Scherben wird das Mosaik einer Tischplatte, z.B. eines Beistelltisches für den Balkon. Mögen Sie es gerne bunt, malen Sie die Scherben mit Porzellanfarbe an.

- **Schneiden Sie Glückwunschkarten und -texte zurecht,** Leim auf die Rückseite – und an die Wand geklebt. Wer viele Karten und Schriftstücke bekommen hat, kann so einen Bereich seiner Wohnung mit dieser selbst gemachten Glückwunschtapete gestalten.

○ **Lassen Sie eine getrocknete Blüte aus Ihrem Brautstrauß** als Schmuckstück verarbeiten und in Glas fassen: als Ring oder Kettenanhänger beispielsweise. Dies ist auch eine nette Idee, um den Blumenkindern eine Freude zu machen: ein kleines Armband mit einer in Glas gefassten Blüte von der Hochzeit.

○ _____

○ _____

○ _____

○ _____

○ _____

○ _____

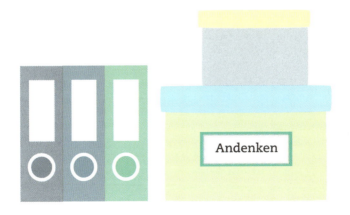

Hochzeitstag feiern

Den Tag Ihrer Liebe werden Sie Jahr für Jahr aufs Neue feiern. Lassen Sie sich von den folgenden Ideen inspirieren – und nehmen Sie auf diese Weise einiges von Ihrer Aufregung und dem Zauber Ihres großen Tages mit in jedes neue Ehejahr.

○ **365 Sachen, die ich an dir liebe:** Jeder von Ihnen erhält einen Glasbehälter. In seinen wirft sie pro Tag einen Zettel, auf den sie schreibt, was sie an ihm liebt – und umgekehrt. Erst zum Hochzeitstag dürfen Sie Ihre 365 Liebes-Botschaften gemeinsam lesen.

○ **Botschaft für die Zukunft:** Sie schreiben sich gemeinsam eine Botschaft für die Zukunft, z.B. was Sie lieben, woran Sie arbeiten wollen, was Sie sich wünschen usw. Dann verschließen sie sie gut und öffnen sie ein Jahr später, am nächsten Hochzeitstag, gemeinsam.

○ **Einen Chinaballon mit Ihren Wünschen** beschriften und steigen lassen (gesetzliche Bestimmungen beachten)

○ **Schmetterlinge** fliegen lassen und dabei Ihre Wünsche aussprechen

○ **Gemeinsames Durchblättern** des Hochzeitsalbums mit den Liedern, die an Ihrer Hochzeit gespielt wurden, im Hintergrund, dazu das gleiche oder ein ähnliches Menü und der gleiche Wein ...

○ **Überraschungen im Wechsel:** Im ersten Jahr überlegt sich die Braut eine gemeinsame Unternehmung oder Überraschung für den Hochzeitstag, im zweiten der Bräutigam – immer im Wechsel. Es wird natürlich nichts verraten, bis Sie am Überraschungsort angekommen sind bzw. die Überraschung beginnt.

○ **Ein Fest mit den Liebsten:** »Schade, dass es schon vorbei ist!«, sagen viele Hochzeitspaare nach ihrem Fest – und haben den Wunsch, öfter größere Feste mit ihren Liebsten zu feiern. Machen Sie das: Vereinbaren Sie mit Ihren Freunden und allen, die Sie dabeihaben wollen, einen Ort zum Feiern und sprechen Sie ab, wer was mitbringt und wer wofür zuständig ist. So verteilen sich die Kosten auf alle. Es ist dann zwar nicht »Ihre Feier des Jahrestages«, aber immerhin ein willkommener Anlass, das Zepter für eine Feier unter Freunden in die Hand zu nehmen.

○ **Die Klassiker:**

    ○ **An den Ort der Trauung** und der Feier fahren

    ○ **Ein Stück der Hochzeitstorte essen** (siehe S. 122)

    ○ **Gemeinsamer Kurzurlaub**

    ○ **Ein DVD- oder Kinoabend**

    ○ **Besuch einer Therme**

    ○ **Sich erneut das Jawort geben** – vielleicht im Ausland, am Strand, nach dortigem traditionellem Ritual, in Las Vegas oder hierzulande an einem schönen Ort mit einer freien Zeremonie …

    ○ **Lassen Sie ein Liebesschloss gravieren** und befestigen Sie es an einer Brücke, als Zeichen Ihrer ewigen Liebe.

○ _____

○ _____

○ _____

○ _____

Vorbereitungen auf einen Blick

12–6 Monate vorher

○ Verlobung

○ Was ist Ihr Wunschtermin für Ihre Trauung?

○ Mit wem möchten Sie feiern? Stellen Sie Ihre Gästeliste auf.

○ Versenden Sie ggf. Save-the-Date-Karten.

○ Bei der Kirche bzw. dem Ort Ihrer Zeremonie den Wunschtermin reservieren lassen

○ Welches Budget haben Sie zur Verfügung?

○ Wie möchten Sie heiraten? Welcher Stil entspricht Ihnen?

○ Zu viele Wünsche für das Budget? Überlegen Sie, wie Sie Ihre Ideen kreativ und kostengünstig umsetzen können.

○ Location für die Feiern auswählen und Termin reservieren

○ Fragen Sie Ihre Liebsten, ob sie Ihre Trauzeugen oder Ihr Zeremonienmeister werden möchten.

○ Junggesellen- bzw. Junggesellinnen-Abschied planen (lassen)

6 Monate vorher

○ Buchen Sie den Standesamt-Termin.

○ Buchen Sie gleich anschließend den Termin für die kirchliche Hochzeit bzw. für die religiöse Feier oder freie Zeremonie.

○ Location fest buchen

○ Gästeunterkünfte organisieren

○ Einladungen verfassen und versenden

○ Alternativ oder zusätzlich setzen Sie eine Hochzeitswebseite auf.

○ Trauzeugen und weitere Helfer genau über ihre Aufgaben informieren

○ Urlaub beantragen, auch für die Flitterwochen

○ Beginnen Sie spätestens jetzt mit der Brautkleidsuche!

○ Beginnen Sie mit der Fotografen-Recherche: je beliebter der Fotograf, desto früher anfragen!

- Musiker auswählen und buchen – bei beliebten Musikern bereits früher anfragen!
- Kinderbeschäftigung auswählen und buchen. Auch hier gilt: bei beliebten Dienstleistern früh anfragen.
- Tauben anfragen und buchen
- Transportmöglichkeiten für Gäste und Brautpaar buchen
- Flitterwochen buchen

5 Monate vorher

- Ablauf der Trauung bzw. der Trauungen planen
- Im Ausland heiraten: rechtliche Voraussetzungen klären
- Prüfen, ob alle Dokumente (Personalausweis/Reisepass), auch die der Trauzeugen, noch gültig sind, und ggf. neue beantragen
- Spätestens jetzt die Trauringe auswählen
- Probeessen bei Catering-Services und buchen
- Ggf. Tische, Stühle, Hussen usw. mieten
- Den Bräutigam ausstatten
- Trauzeugen, Brautjungfern, Groomsmen und Blumenkinder ausstatten

4 Monate vorher

- Bei Selbstversorgung: Hochzeitsfeier abschließend organisieren. Wer bringt was mit, Kühlmöglichkeiten usw.?
- Friseur und Stylisten testen für Brautfrisuren und Make-up
- Ggf. Tanzkurs belegen
- Menüfolge festlegen
- Auswahl der Getränke festlegen
- Den Polterabend planen
- Probeessen beim Konditor: Hochzeitstorte und weiteres Gebäck

3 Monate vorher

- Floristen anfragen: für Brautstrauß und Blumenschmuck
- Ablaufplan Hochzeit erstellen

- ○ **Gastgeschenke** sowie Geschenke für die Helfer organisieren
- ○ **Kirchenheft erstellen**
- ○ **Hochzeitstorte bestellen**

2 Monate vorher

- ○ **Sitzordnung für die Hochzeitsfeier planen**
- ○ **Menü- und Platzkarten erstellen**
- ○ **Wohin mit …?-Liste erstellen**
- ○ **Brautstrauß bzw. -sträuße bestellen**

1 Monat vorher

- ○ **Rede Brautpaar entwerfen**
- ○ **Alle Termine von allen Dienstleistern bestätigen lassen**
- ○ **Sitzplan endgültig festlegen und ggf. an Dienstleister geben**
- ○ **Letzte Absprachen mit den Helfern treffen**

Nach der Hochzeit

- ○ **Namensänderung bekannt geben, Steuerklasse ändern usw.**
- ○ **Dankeskarten verschicken**
- ○ **Andenken aufbewahren**
- ○ **Hochzeitstage feiern**

Hochzeitstag:
Countdown für die Braut

○ **Wecken lassen** (wenn Sie nicht sowieso schon vor Aufregung hellwach sind)

○ **Ein paar Dehn-** und Kräftigungsübungen, wenn Ihnen das in diesem Moment guttut

○ **Frühstücken** und genug trinken

○ **Der Stylist** trifft ein – bzw. Sie gehen zu ihm: Frisur, Make-up. In der Regel sind enge Freundinnen der Braut sowie die Brautmutter dabei, ggf. werden sie ebenfalls geschminkt.

○ **Das Brautkleid anziehen** – Ihre Mutter und Freundinnen können dabei helfen.

○ **Ein Glas Sekt** oder Wasser trinken

○ **Abfahrt** zum Ort der Trauung

○ _____

○ _____

○ _____

○ Die Aufregung und Freude genießen

Im besten Fall sind Sie und Ihr Zukünftiger am heutigen Tag überhaupt nicht mit der Organisation befasst – und Ihre Helfer kümmern sich um Folgendes:

○ Blick auf die Uhr und den Ablauf – und Hinweis an Sie und Ihren Mann, wenn es Zeit wird für den nächsten Programmpunkt.

○ Der Brautstrauß ist an seinem Bestimmungsort.

○ Die Ringe sind sicher verwahrt und auf dem Weg zum Ort der Trauung.

○ Ausstatten der Blumenkinder mit ihren Utensilien

○ Ansprechpartner für Dienstleister und Gäste

SOS-Tipps

Viele Bräute befällt rund sechs Wochen vor der Hochzeit eine allgemeine Panik: Was alles schiefgehen könnte! Im Folgenden finden Sie ganz typische Ängste und hilfreiche Tipps, wie Sie sich beruhigen können.

○ **Der Bräutigam erscheint nicht.**
  ○ Sprechen Sie mit Ihrem Zukünftigen darüber. Er ist der Einzige, der Ihnen diese Angst nehmen kann.
○ **Sie ruinieren sich das Brautkleid während der Feier.**
  ○ Fragen Sie vorab im Geschäft oder beim Schneider, wie Sie Weinflecken oder Ähnliches behandeln sollen.
○ **Das Brautkleid** ist am Morgen der Hochzeit aus irgendeinem Grund kaputt oder schmutzig.
  ○ Wenn Sie es gut aufbewahren, in der dafür vorgesehenen Schutzhülle, kann nichts passieren. Machen Sie sich klar, dass diese Angst unbegründet ist.
○ **Die Hochzeitstorte** übersteht den Transport nicht.
  ○ Sprechen Sie mit dem Konditor: Ist ihm das schon einmal passiert? Welche Alternative schlägt er dann vor? Hier ist er am Zug – und muss ggf. handeln.
○ **Das Essen ist versalzen.**
  ○ Auch hier hilft nur das Gespräch mit dem Catering-Service oder dem Restaurant: »Was tun Sie in einem solchen Fall?«
○ **Es treffen »alte Feinde« aufeinander,** die sich heftig streiten könnten – oder: Ein bestimmter Gast könnte sich danebenbenehmen.
  ○ Den Streithähnen vorher mitteilen, dass sie beide eingeladen sind und Sie sich wünschen, dass beide kommen
  ○ Mögliche Streithähne weit auseinander setzen
  ○ Sie bitten, Zwistigkeiten an einem anderen Tag zu klären
  ○ Danebenbenehmen: Reden Sie vorab ehrlich mit der Person und teilen Sie ihr Ihre Befürchtung mit. Wenn Ihre Sorge gut begründet ist und bestehen bleibt: Erwägen Sie, sie nicht einzuladen.

○ **Jemand verletzt sich.**
  ○ Stellen Sie einen Verbandskasten gut sichtbar auf.
  ○ Benennen Sie von Beginn an eine Person, die, falls erforderlich, die Fahrt ins Krankenhaus übernimmt.

○ **Niemand hat Spaß** auf dem Fest, die Hochzeitsgesellschaft kommt nicht in Schwung – und das Ganze wird eine unglaublich langweilige Veranstaltung.
  ○ Gehen Sie mit den Trauzeugen den Ablauf- und Sitzplan durch: Haben Sie gut Vorsorge getroffen?
  ○ Welche Aktivitäten sind variabel und können, um Stimmung zu schaffen, vorgezogen oder nach hinten verlegt werden?
  ○ Wie flexibel können der DJ bzw. die Musiker reagieren?
  ○ Wenn Sie alles gut vorbereitet haben, können Sie nur noch: loslassen! Ob die Gäste Spaß haben oder nicht, liegt zu einem guten Teil an ihnen selbst.

Notfall-Box für die Braut

Sie sollte Folgendes enthalten: Kopfschmerztabletten plus andere benötigte Medikamente, Notfalltropfen (Bachblüten), Pflaster und Blasenpflaster, Ersatzstrumpfhose, Schere und Nähzeug (abgestimmt auf das Outfit), Make-up, Kamm oder Bürste, Deodorant, Achselpads, Haarnadeln, Parfum, Nagelfeile, Taschentücher.

Notizen

- ○ ....
- ○ ....
- ○ ....
- ○ ....
- ○ ....
- ○ ....
- ○ ....
- ○ ....
- ○ ....
- ○ ....
- ○ ....
- ○ ....
- ○ ....
- ○ ....
- ○ ....
- ○ ....
- ○ ....
- ○ ....
- ○ ....
- ○ ....

Links

Die folgenden Internetseiten sollen Ihnen in erster Linie Inspiration sein.

Mehr Anregungen zum Thema Hochzeit und den Austausch mit anderen Bräuten finden Sie auf:
www.weddix.de, siehe Shop – Hochzeitskarten – Einladungskarten
www.hochzeitsplaza.de

Print-Einladungskarten und mehr:
www.weddix.de, siehe Shop – Hochzeitskarten – Einladungskarten
www.carteland.de
www.myprintcard.de

Hochzeitskleider von jungen Designern:
Es lohnt sich ein Blick auf www.dawanda.de. Geben Sie dort »Hochzeitskleid« in die Suchmaske sein.

Hochzeitswebseite:
de.jimdo.com/hochzeitshomepage
www.unsere-hochzeitswebseite.de
www.wordpress.com

Hochzeitstorten, Rezepte:
www.oetker.de/backen/hochzeitstorten-rezepte.html

Hochzeitstorten online:
www.deinetorte.de/hochzeitstorten.html
www.torten-service.de, siehe Versendbare Torten – Hochzeitstorten

Cupcakes:
styleyourcake.de, siehe Cupcakes & Candybars – Wedding

Gastgeschenke Hochzeit:
www.dawanda.com/hochzeit-gastgeschenke
www.weddix.de, siehe Shop – Gastgeschenke
www.mymms.de, siehe Hochzeit

Register

Über
die Autorin

Die Leidenschaft der Autorin
Kathrin Nord gilt dem Schreiben und
der Fotografie. Sie schreibt seit vielen Jahren
beruflich, mit Vorliebe im Bereich Internet,
Gesellschaft und Politik – und widmet sich
fotografisch vor allem der Hochzeits- und
Straßenfotografie. 2013 gründete die Autorin
deshalb »lycklig – Hochzeitsfotografie«.
Das Wort »lycklig« heißt im Schwedischen
»glücklich« und umschreibt treffend den
Anlass, aber auch die Freude der Autorin
und Fotografin am Lebendighalten der
glücklichen Momente in Bildern.
Mehr zur Hochzeitsfotografie
und dem Thema Hochzeit
unter: www.lycklig.de

Bildnachweis

Der Verlag dankt den nachfolgend Genannten für die Erlaubnis, ihre Fotografien zu reproduzieren:
Fotolia: Gabriele Abu-Dayeh 81; AMZphoto 55; Gunnar Assmy 51; bananaef 29; bilderstoeckchen 105; Ruth Black 117, 123; Roman Bodnarchuk 115; L. Bouvier 30; CandyBox Images 18; Barbara-Maria Damrau 99; Jeanette Dietl 39, 124; Friday 63; Nastasia Froloff 45; gabisteffen 35; Esther Hildebrandt 91; Stefan Körber 101br; Kzenon 121, 136; lassedesignen 85; Eric Limon 43, 86, 97; Nuvola 77; oksix 6; paultarasenko 79; phaendin 143; PhotoSG 71; roxeno 103; Gordana Sermek 101 unten links; Mila Supynska 82; vpardi 57; VRD 133; Anna-Mari West 74.

Sophie Schiela: alle Illustrationen